继续
教育

继续（网络）教育系列规划教材

荣获全国高校现代远程教育协作组评比“网络教育教材建设金奖”

人身保险

JIXU JIAOYU

RENSHEN
BAOXIAN

陈岩 邵杰 主编

西南财经大学出版社
Southwestern University of Finance & Economics Press
中国·成都

图书在版编目(CIP)数据

人身保险/陈岩，邵杰主编．—成都：西南财经大学出版社，
2017.10

ISBN 978-7-5504-3172-0

Ⅰ.①人… Ⅱ.①陈…②邵… Ⅲ.①人身保险—教材 Ⅳ.
①F840.62

中国版本图书馆CIP数据核字(2017)第194829号

人身保险

陈岩 邵杰 主编

责任编辑：王利
助理编辑：袁婷
封面设计：穆志坚
责任印制：封俊川

出版发行	西南财经大学出版社(四川省成都市光华村街55号)
网　　址	http://www.bookcj.com
电子邮件	bookcj@foxmail.com
邮政编码	610074
电　　话	028-87353785　87352368
照　　排	四川胜翔数码印务设计有限公司
印　　刷	四川五洲彩印有限责任公司
成品尺寸	185mm×260mm
印　　张	8.5
字　　数	185千字
版　　次	2017年10月第1版
印　　次	2017年10月第1次印刷
书　　号	ISBN 978-7-5504-3172-0
定　　价	20.00元

总序

随着全民终身学习型社会的逐渐建立和完善，业余继续（网络）学历教育学生对教材质量的要求越来越高。为了进一步提高继续（网络）教育的人才培养质量，帮助学生更好地学习，依据西南财经大学继续（网络）教育人才培养目标、成人学习的特点及规律，西南财经大学继续（网络）教育学院和西南财经大学出版社共同规划，依托学校各专业学院的骨干教师资源，致力于开发适合继续（网络）学历教育学生的高质量优秀系列规划教材。

西南财经大学继续（网络）教育学院和西南财经大学出版社按照继续（网络）教育人才培养方案，编写了专科及专升本公共基础课、专业基础课、专业主干课和部分选修课教材，以完善继续（网络）教育教材体系。

本系列教材的读者主要是在职人员，他们具有一定的社会实践经验和理论知识，个性化学习诉求突出，学习针对性强，学习目的明确。因此，本系列教材的编写突出了基础性、职业性、实践性及综合性。教材体系和内容结构具有新颖、实用、简明、易懂等特点，对重点、难点问题的阐述深入浅出、形象直观，对定理和概念的论述简明扼要。

为了编好本套系列规划教材，在学校领导、出版社和各学院的大力支持下，成立了由学校副校长、博士生导师杨丹教授任主任，博士生导师冯建教授以及继续（网络）教育学院陈顺刚院长和唐旭辉研究员任副主任，其他部分学院领导参加的编审委员会。在编审委员会的协调、组织下，经过广泛深入的调查研究，制定了我校继续（网络）教育教材建设规划，明确了建设目标。

在编审委员会的协调下，组织各学院具有丰富继续（网络）教育教学经验并有教授或副教授职称的教师担任主编，由各书主编组织成立教材编写团队，确定教材编写大纲、实施计划及人员分工等，经编审委员会审核每门教材的编写大纲后再进行编写。自2009年启动以来，经几年的打造，现已出版了七十余种教材。该系列教材出版后，社会反响较好，获得了教育部网络教育教材建设评比金奖。

下一步根据教学需要，我们还将做两件事：一是结合转变教学与学习范式，按照理念先进、特色鲜明、立体化建设、模块新颖的要求，引进先进的教材编写模块来修订、完善已出版的教材；二是补充部分新教材。

希望经多方努力，将此系列教材打造成适应教学范式转变的高水平教材。在此，我们对各学院领导的大力支持、各位作者的辛勤劳动以及西南财经大学出版社的鼎力相助表示衷心的感谢！在今后教材的使用过程中，我们将听取各方面的意见，不断修订、完善教材，使之发挥更大的作用。

西南财经大学继续（网络）教育学院

2014 年 12 月

前言

进入21世纪以来，我国人身保险市场体系不断完善，市场规模不断扩大，市场化程度不断加深。为适应新的发展形势，帮助成人教育同学更好地进行相关基础理论知识的学习，我们编写了这样一本人身保险理论与实务的教材。同学们在学习理论知识的过程中，可以更多地结合相关的实务经验，积极讨论当下的热点话题，如费率自由化、保险资金投资运用、风险导向会计体系建设等。我们希望这本教材能够很好地帮助教学，为中国未来保险业的发展尽一份力。

随着我国经济的不断发展，保险在经济生活中的地位显得愈益重要。《国务院关于保险业改革发展的若干意见》的颁布，为我国保险业的未来发展指明了方向，我国保险业的发展正在步入又好又快的新阶段。做大、做强保险业对人才的教育和培养提出了新的要求，为此，教育部和保监会联合下发《关于加强学校保险教育有关工作的指导意见》，明确提出将保险教育纳入国民教育体系，在各级学校加强保险专业教育。

随着我国经济改革的不断深入，保险相关教育也更加精细化和专业化。在编写过程中，本教材在内容上注意吸收国内外人身保险的最新研究成果与应用技术，充分考虑了我国人身保险行业近年的新发展，包括保险资金运用、保险业向外资开放的新时期寿险公司经营策略的转变等，并将最新的法律法规融入各章内容。同时，本教材强化了每章习题的质量和数量，使之能够为保险专业学生学习保险知识提供更多的帮助。当然，由于时间仓促，加上我国保险业的发展日新月异，本教材在编写过程中难免挂一漏万，希望同行专家和读者对本教材提出宝贵意见和建议，以使我们今后能够不断对之加以完善。

编者

2017年7月

目 录

第一部分　人身保险理论

第二部分　人身保险实务

第一部分
人身保险理论

1 人身保险概述

1.1 人身风险与人身保险

1.1.1 人身风险的含义

风险是某一事件发生的不确定性。人身风险是风险的一类，是指在日常生活以及经济活动中，个人生命、身体所遭受到的，导致人死亡、伤残、丧失劳动能力以及其他费用支出增加的风险。人身风险一旦发生，将给个人、家庭，甚至其所归属的社会组织，带来一定的损失。风险发生可能带来人的身体、生命、健康等的直接损失，还可能会因为事业、疾病、退休等带来支出的增加、收入的下降甚至完全丧失正常收入，以及更进一步的精神创伤、痛苦、悲伤和压抑等间接而不可测量的损失。因此，人身风险所导致的损失包括收入能力损失和额外费用损失两种。

1.1.2 人身风险的要素

一般来说，风险由三要素构成：风险因素、风险事故和风险损失。人身风险的要素包括人身风险因素、人身风险事故和人身风险损失。

（1）人身风险因素

风险因素是指引发风险事故或风险事故发生致使损失增加的原因和条件。人身风险因素主要包括健康状态、年龄、职业、居住环境等，具体可以分为三类：

①实质风险因素，也称有形风险因素，是指能够导致人身风险事故发生或增加人身风险事故发生的机会或扩大损失程度的物质性因素，如恶劣的居住环境、受污染的食物、有瑕疵的汽车等。

②道德风险因素，是指与人的品德修养有关的物性因素，指人们在最大化自身效用的同时，恶意或故意做出不利于他人的事情或行为而存在的风险。

③心理风险因素，是指与人的心理状态有关的无形因素。相对于道德风险因素，心理因素强调的是人的非故意过失、疏忽行为造成受害人的身体健康和生命安全受到损害的危险。

（2）人身风险事故

风险事故也称风险事件，是指损失的直接原因或外在原因，也即风险由可能变为现实，以致引起损失结果。人身风险事故是火灾、爆炸、地震、车祸、疾病、犯罪行为等导致人身伤亡的事件。

(3) 人身风险损失

损失是非故意的、非计划的和非预期的经济价值的减少。损失可以分为直接损失和间接损失，还可以分为实质损失、费用损失、收入损失和责任损失。在人身风险中，损失是指非意愿的、非计划的、非预期的人身健康恶化、生命的丧失以及财务支出。

1.1.3 人身风险的分类

从人身风险导致的后果来看，人身风险可以分为生命风险和健康风险。

(1) 生命风险

生命风险是与人的生存相关的风险，即生存或者死亡给本人、家庭、社会带来的损失的不确定性。虽然死亡是必然事件，但是死亡发生的事件、原因、地点等则是不确定的。生命风险包括早逝风险和养老风险。

①早逝风险。所谓早逝风险，是指早逝人给其家庭和所属社会组织带来的死亡费用、抚养或赡养关系中断、利益中断等的损失不确定性。

②养老风险。养老风险是指人到年老后，缺乏基本的生活保障而可能遭受生存危险，或者退休后由于收入的急剧下降，导致个人生活水平和生活品质下降，带来的心理和精神的冲击以及其他相关损失和意外发生的不确定性。

(2) 健康风险

健康风险是由于人的身体机能、器官组织等遭受疾病和意外伤害，导致的医疗费用开支、收入下降或完全丧失等的损失不确定性。健康风险包括疾病风险和残疾风险。

①疾病风险。疾病风险可以分为狭义的疾病风险和广义的疾病风险两个层次。狭义的疾病风险是指个人身体机能病变，器官或部分组织感染疾病而导致的人身风险。广义的疾病风险除了自身身体机能病变引致的疾病风险外，还包括个人由于生育或意外伤害而引起器官或部分组织感染疾病而引起的人身风险。

②残疾风险。残疾风险是指疾病、意外伤害事故导致人体组织或器官的损伤、缺损、功能障碍甚至永久性丧失功能等给个人和家庭带来的损失的不确定性。

1.1.4 人身保险

(1) 人身保险的概念

人身保险是以人的生命或身体为标的，以人的生、老、病、残、亡为保险事故的一种保险。其基本内容是：投保人与保险人订立保险合同，确立各自的权利和义务，投保人向保险人缴纳一定数量的保险费；在保险期间内，当被保险人发生死亡、残疾、疾病等保险事故，或被保险人生存期满时，保险人向被保险人或其受益人给付一定数量的保险金。因此，凡是与人的生命延续或终结以及人的身体健康或健全程度有直接关系的商业保险形式均可称为人身保险。

(2) 可保人身风险

人身保险是人身风险管理中转嫁风险的一种手段。但在人身保险的发展过程中，人身风险的普遍性、复杂性往往会与保险的商业性、营利性发生冲突，也就是说，如果保险人不加选择地满足各种人身风险转嫁的要求，就可能使自己陷入危险的境地。因此，保险人通常将风险划分为可保风险与不可保风险，其中，可保风险才是保险客户可以转嫁和保险人可以接受承保的风险。具体来说，可保人身风险必须具备下述基本条件。

①人身风险的发生是偶然的、意外的。人身风险发生的偶然性是针对单个风险主体来讲的，风险的发生与损失程度是不可知的、偶然的，具有随机性。人身风险成为可保风险的必要条件是其发生与否具有偶然性。同时，人身风险的发生应该是由不可预知的事件所导致，或者是由被保险人非故意引起的事件所导致的。

例如，重大疾病的发生往往是难以预料的；人的死亡虽然是必然事件，但由于一个人的死亡时间是不受自己控制的，因而死亡风险的发生时间具有偶然性。故意行为容易引发道德风险，且发生是可以预知的，不符合保险经营的原则。只要是被保险人和投保人的故意行为所致的损失，保险人一律不予以补偿。

②人身风险的损失必须是明确的。对于大多数险种来说，可保风险损失在时间和金额上都要求是可以明确界定的，也就是说，保险人必须明确规定保险金额和保险金的给付时间。死亡、疾病、残疾和年老等状态通常是易于识别的，但由此所导致的经济损失却难以用金钱来衡量。在人身保险中，保险人对此是通过与被保险人协商、在所订立的保险合同中规定承保风险发生后保险人负责给付的保险金数额来确定。

③人身风险必须是大量标的均有遭受损失的可能性。保险以大数法则作为保险人建立保险基金的数理基础。保险人通过收集大量资料，掌握特定人群以往的人身风险损失规律。只有单个或少量标的的风险是不具备此基础的。因此，单个被保险人的危险发生是无法预测的，但对于一组人数足够多的被保险人，保险人就可以在大量风险的基础上，通过大数法则较精确地预测死亡概率、伤残概率或住院概率、损失率。

④人身风险应有发生重大损失的可能性。如果可能的损失程度是轻微的，就不需要通过保险来获得保障，因为承保轻微损失风险的管理费用很高，从而使得保险成本与危险的潜在损失存在严重的不对称性，不具备经济可行性。

（3）人身保险的特征

①人身保险是一种定额保险。人的生命和身体不是商品，其价值无法用货币衡量。因此，确定人身保险的保险金额首先应该从两个方面进行考虑；一是投保人对人身保险需要的程度；二是投保人缴纳保费的能力。而后由双方当事人通过协商决定一个数目，作为保险金额。

②人身保险具有变动的危险率。人身风险特别是人寿风险是以死亡为基础来测定的。不同年龄的人的死亡率不同，特别是人到晚年后，死亡率会加速上升。如果单纯按照危险率来确定保险费率，那么保险费率就会每年变动。被保险人年龄越大，保费越高。大多数被保险人在晚年最需要保险保障的时候就会因无力缴纳高额保费而退出，这样就使人寿保险失去了存在的意义。因此，人身保险一般采用“平准保费法”，通过初保时多收保费来弥补以后年份少收的保险费。

③人身保险具有长期性。人身保险大多属于长期性合同，保险有效期可以持续几年，甚至几十年，保险人的责任期限也自然较长。人身保险的保费收入稳定，可聚积巨额的、可供长期运用的资金，保险人可以从中获得收益。

一般而言，保险人不能任意中止合同，但在较长的保险期限内，各种保险条件难免变化，尤其是物价变动等因素对合同双方的利益均会产生影响。因此有时需要对合同内规定的某些权利、义务加以修正，但一般只允许做对投保人一方有利的修改。

④长期性人身保险具有储蓄性质。大部分业务保险期满时，无论保险事故发生与否，被保险人或受益人都可以收回保险金额的全部或部分，一般称为保单的现金价值。人寿保险的纯保费由两部分组成，即危险保费和储蓄保费。前者也就是自然保费；后者是投保人的储金，用以积存责任准备金，其实质是投保人存放在保险人那里的储蓄存款，因此也有人将人身保险费称为“保险储金”。

⑤人身保险的保险利益具有特殊性。人身保险的保险利益没有量的规定，因此人身保险主要考察投保人对被保险人是否具有保险利益，无论其金额多少。但在实际业务中，也要考虑投保人的缴费能力等因素。在一些特殊情况下，人身保险的保险利益也有量的规定，如债权人为债务人投保死亡保险，投保利益以债券金额为限等。

此外，人身保险中，保险利益只是订立合同的前提条件，而不是维持合同有效或给付保险金的条件。只需考虑订立合同时投保人是否对被保险人具有保险利益，不管其以后有何变化。

1.2 人身保险的分类

目前，国际上对保险的分类并没有一个固定的原则和标准，各个国家和地区根据不同需要采用不同的方法。

1.2.1 中国的分类

《中华人民共和国保险法》（以下简称《保险法》）依据保险标的的属性不同，将全部业务分为财产保险业务和人身保险业务两大类。就人身保险而言，《保险法》第九十五条规定，“人身保险业务，包括人寿保险、健康保险、人身意外伤害保险等保险业务”。这种分类方法显然是建立在保险标的所涵盖的保障范围来划分的，如图 1.1 所示。

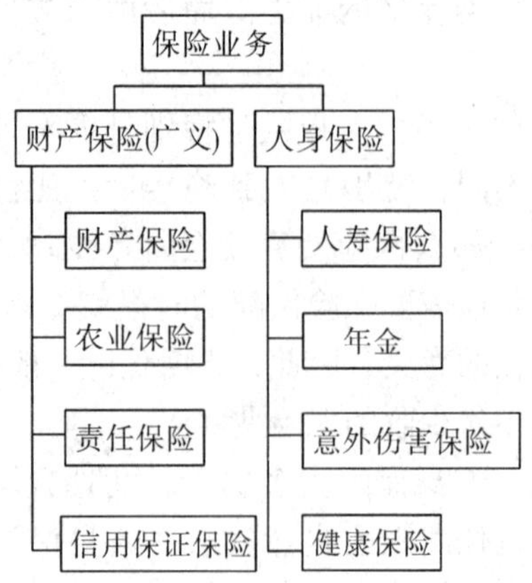

图 1.1 《中华人民共和国保险法》对保险业务的分类

（1）人寿保险

人寿保险是以人的生命为保险标的，以保险人在保险期限内死亡或生存到保险期满为保险事故的一种人身保险，也称生命保险。人身保险合同期限一般较长，而且带有投资性质。根据合同规定的不同，人寿保险可以分为定期寿险、终身寿险、两全保险、年金保险等。人寿保险在保险费、责任准备金的计算以及会计核算、资金运用、业务管理等方面都有自身的特点。

（2）人身意外伤害保险

人身意外伤害保险，简称意外伤害保险，是以被保险人因在保险期限内遭受意外伤害造成死亡或残疾为保险事故的一种保险。其中的意外伤害是指在被保险人没有预见到或与被保险人意愿相悖的情况下，突然发生的外来致害物对被保险人身体的明显、剧烈侵害的客观事实。意外伤害保险的保险责任仅限于意外伤害造成的死亡、残疾，其他原因（如疾病、生育等）引起的残、亡不属于意外伤害保险的保险责任。意外伤害保险可单独承保，也可作为人寿保险的附加责任保险。单独承保的意外伤害保险，保险期限较短，一般不超过1年。意外伤害保险在全部人身保险业务中所占比重虽然不大，但是投保人次较多。

（3）健康保险

健康保险是以人的身体为保险对象，保证被保险人在疾病或意外事故所致伤害时的费用支出或损失获得补偿的一种人身保险。如同人寿保险并不是保证被保险人在保险期限内能够避免生命危险一样，健康保险并不是保证被保险人不受疾病困扰、不受伤害，而是以被保险人因疾病等原因需要支付医疗费、护理费，因疾病造成残疾以及因生育、疾病或意外伤害暂时或永久不能工作而减少劳动收入为保险事故的一种人身保险。

1.2.2 世界发达国家的分类

西欧、北美、日本这些保险业较发达的国家和地区，往往依照保险构造技术的不同，将全部保险业务划分为寿险和非寿险两大类。寿险就是人寿保险，除此之外的其他各种保险业都划归非寿险范围。非寿险一般可分为海上保险、火灾保险、汽车保险、航空保险等。健康保险和人身意外伤害保险应划归非寿险范围。

在保险计算技术上，人寿保险和其他各种保险的差异较大。对于人寿保险，人们用科学的统计方法制定了生命表，并以之为依据计算不同年龄、不同性别、不同境况的被保险人的生存或死亡概率，这种专门的计算方法和数据处理理论，被称作寿险数学。此外，人寿保险合同绝大多数是长期合同，保险期限长，对于投保人预缴的保险费必须计算利息。因此，人寿保险业务经营在制定保险费率、提存责任准备金时，以预计死亡率、预期利率、预定费用率作为计算基础，其精算技术要求较高，也相当复杂。而其他保险则以短期（1年或1年以下）合同居多，尤其是意外伤害保险。同时保险事故发生的频率具有相当大的波动性，也会影响预测的准确性。

寿险与非寿险业务因精算技术上的区别而产生了许多自身的或法规限制上的不同。一般来说，西方的保险业在业务经营上，寿险公司和非寿险公司都可经营健康保险和意外伤害保险，而人寿保险则只能由寿险公司来经营。

1.2.3 按保险事故分类

按保险事故的不同，人身保险可以分为生存保险、死亡保险和生死合险（两全保险）三种。它们分别是以保险期限内被保险人生存、死亡、无论生存或死亡作为保险事故的保险。当这些保险事故发生时，保险人按合同约定给付保险金。此外，年金保险为被保险人年老时提供养老退休金，又称养老保险，也应属于生存保险。

按照保险事故发生的可能性进行分类，人身保险可分为健体保险和弱体保险。

（1）健体保险

健体保险又称标准体保险，是指对于身体、职业、道德等方面没有明显缺陷的被保险人，保险人按照所制定的标准或正常的费率来承保的保险。大部分的人身保险险种都是健体保险。

（2）弱体保险

弱体保险又称次健体保险或非标准体保险，是不能用标准或正常费率来承保的保险。此类保险的被保险人发生保险事故的可能性较高，超过了正常人的标准，若使用正常费率将增加保险人的赔付率，因此只能用特别条件来承保。弱体保险在承保时可采用下列方法：

①保额削减法。它是指投保人按正常费率投保，但在一定期间内按比例减少保险金给付金额的承保方法。该方法适用于发生保险事故的可能性递减的被保险人。

②年龄增加法。它是将被保险人的年龄增加一固定的年数后所对应的费率作为保险费率的承保方法。该方法适用于发生保险事故的可能性递增的被保险人。

③附加保费法。它对投保人征收一定金额的额外保费。该方法适用于保险事故发生率与正常值的差值为固定值的被保险人。

1.2.4 按投保方式分类

按投保方式的不同，人身保险可以分为个人保险、联合保险和团体保险三种。单个被保险人在自愿选择的基础上投保人身保险称为个人保险，保险对象为个人。将存在一定利害关系的2个或2个以上的人，如父母、夫妻、子女、兄弟姐妹或合作者等，视为一个被保险人，作为联合被保险人同时投保的人身保险称为联合保险。联合保险中第一个被保险人死亡，保险金将付给其他生存的人，如果保险期限内无一死亡，则保险金给付给所有联合被保险人或其指定的受益人。以一份总的保险合同承保某一机关、企业、事业单位或其他团体的全体或大多数成员的人身保险称为团体保险。团体保险可以分为团体人寿保险和团体健康保险，与个人保险相比有许多不同之处。

1.3 人身保险的功能与效用

1.3.1 人身保险的一般功能

积聚保险基金、组织经济补偿是保险的基本职能，由此而派生出保险的防灾、防损、融资等职能。人身保险同样具有这样的功能，发挥着保障社会经济生活稳定和调整国民经济运转的作用。

（1）风险分散功能

社会生产和社会生活常面临危险。危险的发生具有偶然性，对个人来说要完全防止危险的出现或回避危险事故造成的损失几乎是不可能的：一方面个人经济力量不足，另一方面防范风险的技术手段也极为有限。而通过建立保险机制，可以将少数受害者的损失分摊到处于同样危险中的多数人身上，对个体而言就实现了对风险的防范。这就是保险的风险分散功能，体现着保险的互济性。保险不仅是一种法律关系，更是一种经济互助制度，保险的实质就是多数人基于合作互助分担个别人在财产和人身上所受损失的经济行为。

（2）保险金给付功能

保险金给付功能相当于财产保险中的经济赔偿功能。给付与赔偿并不同义。需要赔偿的损失可以通过价值形式明确计量，而保险金给付项目则很难用一个固定金额去计量。给付是人身保险支付保险金的特定说法，有时是一次性的，有时则分期进行。

人的生存、年老、死亡、伤残等均不能用货币估值，保险人只能根据被保险人生、老、病、残、伤、亡的一般特征和具体情况来确定投保费率，征收保险费，建立保险基金。保险当事人双方事先要对保险的条件、期限和金额标准达成协议，保险人按照协议一次或分期付给被保险人保险金。

（3）调节收入分配功能

保险是调节收入分配的手段之一。它通过投保人缴纳保险费，使分散的短期资金集中起来，建立起人身保险长期的保险基金，而保险人根据保险合同履行保险金给付义务，积极运用保险资金从事投资，增加投保人的储金价值。这相当于对国民收入的再次分配，即把各个投保人的保险费收入的一部分转移到那些发生了保险事故的投保人名下。

保险调节收入分配的重要意义表现在：遭受了危险事故的投保人能够通过人身保险机构及时得到经济补偿，不致丧失收入来源或其他经济利益。这不仅保证了社会安定，而且促进了社会公平，在一定程度上调节了社会成员财产和收入的高低差异。

（4）企业融资功能

这是指保险机构利用保险基金的长期性、集中性、规模性的特点，积极运用保险资金，按照一定渠道投放，进行投资活动，并预期收回增值资金。一般方式是存款生息，购买债券、股票或不动产，进行期货交易，还可以直接投资经济领域，扩大社会再生产规模，促进经济增长。

金融融资是市场经济条件下保证保险机构正常运营的必要手段，也是实现保险资金保值、增值的重要渠道。首先，它可以抵消通货膨胀对保险基金产生的贬值影响，确保保险待遇与经济增长及物价上涨同步增长。其次，它可以增强保险经营活力，扩大承保、偿付范围，增强保险机构应付危险的能力。最后，它可以扩大保险财务的收益，向广大投保人提供低费率的服务，增强市场竞争力。

1.3.2 人身保险的特殊效用

（1）对个人和家庭的效用

人身保险可以减轻个人和家庭对人身危险的忧虑，为个人和家庭提供经济保障，也是一种个人投资手段。

①经济保障，化解意外伤害造成的损失。保险最重要的功能是保障，人身危险时时伴随着人的左右，人身保险可以把个人、家庭的人身危险转嫁给保险公司。投保人缴纳确定金额的保险费以后，即可在被保险人发生死亡、伤残、疾病、衰老等人身危险时，从保险公司领取一笔保险金以保证家庭生活的稳定，避免因家庭主要劳动力发生保险事故而造成家庭收入减少或支出增加，甚至使生活陷入困境等情况的发生。

②投资手段。由于长期人寿保险中保险公司要对投保缴纳的保险费计算利息，满期给付的保险金大大高于缴纳的保险费，所以投保长期人寿保险往往被称为一种技资手段。寿险具有经济保障作用，不具有投机性，无风险，收益稳定，因而往往成为人们的投资手段。投保人可以将寿险保单作为抵押向保险公司借款，也可以随时请求解除合同，领取退保金，因此，人寿保险单具有现金价值，往往被视为个人金融资产。

③保险单所有人和受益人还可享受税收减免。一般税法规定，在被保险人死亡时给付的人寿保险金可以免交所得税，付给受益人的保险金还可以全部或部分免交遗产税，给保险单所有人的所有支付，如退保金、红利、两全保险期满生存的给付金，免交所得税的金额相当于所交付的保险费金额。此外，对年金收入也只征收适量的所得税，即只对其中的利息收入部分征税。

（2）对企业的效用

企业作为投保人，缴纳保费为员工投保人身保险，当员工发生死亡、伤残、疾病等事故时或年老退休后可从保险公司领取一笔保险金，从而稳定企业支出，提高员工福利，增强企业凝聚力。而且不少国家还对此采取鼓励措施，规定企业为员工投保人身保险支出的保险费，在一定金额以内的部分，可以列为成本，作为税前支出。

当然，通过投保人身保险，尤其是人寿保险，可以使企业经营不受重要职员的突然死亡的影响，可以使合伙事业不因任一合伙人的死亡而解散，可以使职工安居乐业，同时可以提高企业信用，使企业的证券发行工作用顺利进行。

（3）对社会的效用

①人身保险，尤其是长期人寿保险在其经营过程中聚积的大量资金（相当部分是长期资金），可由保险公司进行投资，以便实现保值、增值。人身保险资金的投资运用，实际是把部分个人消费在一定时期内投入生产领域或其他经济领域，发挥促进经

济发展的作用。保险公司作为金融机构的一种，其经营也具有调节金融的作用。保险业与银行业、证券业是同等重要的金融活动，对一国金融事业的稳定有较大责任。

②有助于扩大社会就业。据统计，1996 年，美国保险业为 220 万人提供了的就业机会。其中，寿险总公司约有 57 万名从业人员，而代理人、经纪人和其他服务人员则约为 70 万名。近年来，我国人身保险行业的从业人员总数也有较大幅度的增加。从某种程度上说，人身保险行业是全社会劳动力的蓄水池，它的发展对整个社会稳定发展的作用是不容忽视的。

③有助于解决社会老龄化问题。根据联合国制定的划分标准，当一国总人口中 60 岁以上的老年人所占总人口的比例达到 10%时，即被认为是进入了老龄化性会。根据世界银行的统计，我国在 2000 年就已跨入了老龄化社会，到 2026 年，中国 60 岁以上的老年人口将占总人口数的 18%，也就是说，全世界将有 1/4 的老年人集中在中国。虽然社会保险、社会保障体系在处理这个问题上也有其独到之处，但由于其保障范围、保障程度等因素的限制，单靠社会保险来解决养老问题是远远不够的。而人身保险与社会保险相比，有着后者所无法比拟的优势。因此，将两者有机地结合起来，互为补充，构建一个全面、有效的社会保障体系，可以更好地解决人类社会面临的人口老龄化问题。

1.4　人身保险的基本原则

长期的人身保险业务发展中逐渐形成了几个基本原则，为各国所共同认可并遵守。各国人身保险的实践证明，坚持这些基本原则有利于维护保险双方的合法权益。

1.4.1　保险利益原则

《中华人民共和国保险法》（以卜简称《保险法》）规定，投保人对保险标的应当具有保险利益。投保人对保险标的不具有保险利益的，保险合同无效。保险利益是指投保人或者被保险人对保险标的具有的法律上承认的利益。可见，保险利益是保险合同的客体，是其生效的前提条件，要求投保人或被保险人对保险标的无论属于何种利害关系都必须具有确定的经济利益，这种经济利益使得投保人或被保险人因保险标的发生危险事故而受损害，因其不发生危险事故而继续拥有并受益。保险利益原则的确立，有三方面的意义：一是从本质上与赌博划清了界限，防止投保人利用保险进行赌博，遏制了对毫无关系的人的生命或身体投保以赚取保险金的行为；二是防止道德危险的产生，使投保人或被保险人从自身利益出发，自觉从事防灾减损工作；三是限制保险赔偿金额，要求投保人或被保险人在保险事故不发生时具有保险利益，事故发生后其请求损害赔偿或给付的范围应以此为限。

人身保险合同以人的寿命和身体为保险标的，在保险利益的确定、金额限定等方面比较复杂。

我国《保险法》第三十一条规定，投保人对下列人员具有保险利益：本人；配偶、子女、父母；前项以外与投保人有抚养、赡养或扶养关系的家庭其他成员、近亲属。除前款规定外，被保险人同意投保人为其订立合同的，视为投保人对被保险人具有保险利益。这里仍然强调经济利益，所以债权人对债务人有保险利益；该项保险利益以债务人实际承担的债务为限；本人对为本人管理财产或具有其他利益关系的人具有保险利益，如企业对其重要职员（总经理、总经济师等）的生命有保险利益；合伙人对其他任一合伙人的生命有保险利益；雇用人或委托人对受益人或受托人的生命具有保险利益。

对于人身保险，保险利益原则要求投保人订约之时对被保险人具有保险利益，而不管保险事故发生时是否具有。正因为有此规定，人寿保险也具有有价证券的性质。

如果被保险人因合同“除外责任”规定的原因死亡，如自杀、刑事犯罪被处决等，均构成保险利益的消灭，从而保险合同失效。由于人身保险标的物的特殊性，一般不存在保险利益的转移。只有那些为一般利害关系而订立的人身保险合同，如债权债务关系，可以作为继承人的利益继续存在。否则，人身保险的保险利益不得继承或转让。

1.4.2 最大诚信原则

诚信是指诚实、守信，是一般经济合同关系中双方当事人都应遵守的先决条件。诚信原则也是世界各国民事立法对民事、商事活动的基本要求。人身保险合同是经济合同的一种，又具有一定的特殊性，因而更要遵守最大诚信原则。当事人一方的保险人对另一方投保人的情况知之甚少，只能根据投保人的陈述来决定是否承保和如何承保。投保人的陈述完整、准确与否，对保险人承担的义务意义重大，为了保护保险人的利益，必须要求投保人或被保险人的最大诚信。同时，保险合同尤其是保险条款是保险人单方面拟订的，比较复杂，又有较多的技术性要求，如人寿保险中保险费率的确定，一般的投保人或被保险人是很难充分了解和掌握的，所以要求保险人从最大诚信原则出发，正确计算保费，认真履行保险合同的责任和义务。因此，这一原则适用于双方当事人，任何一方的隐瞒、欺诈行为都可能导致合同的失效或在法律诉讼中处于不利处境。

所谓最大诚信，比较典型地体现为保险实务中的告知、保证、弃权与禁止反言。

(1) 告知

所谓告知，是指投保人在投保时必须将有关保险标的危险的重要事实如实告诉保险人。其中，重要事实是指会影响到保险人决定是否接受承保或对保险费率的厘定起决定作用的事实。投保人在投保时及合同有效期间，对危险的显著增加或者保险事故的发生都有及时通知保险人的义务。我国《保险法》第十七条规定：“订立保险合同，保险人应当向投保人说明保险合同的条款内容，并可以就保险标的或者被保险人的有关情况提出询问，投保人应当如实告知。投保人故意隐瞒事实；不履行如实告知义务的，或者因过失未履行如实告知义务，足以影响保险人决定是否同意承保或者提高保险费率的，保险人有权解除保险合同。”对人身保险而言，告知义务主要体现在投保人在投保时要如实申报被保险人的年龄、健康状况、职业工种、家族病史等重要事实；保险事故发生后，投保人要提供保险人要求的各种真实证明；续保时，投保人要向保险人申报不同于前期的危险情况。

在保险实务中，投保人实行告知义务有两种做法：一是无限告知，即投保一方要尽量将有关情况提供给保险人，告知范围包括所有可能影响保险人决定承保与否的事实情况；二是询问回答，即投保人对保险人在了解情况时所提出的询问均要如实回答。两种做法相比，后一种比较合理。

（2）保证

保证是指投保人或被保险人对保险人所做出的特定担保事项，即担保事项的作为或不作为，某种事项的存在或不存在。保证主要是对投保人的一种利益约束，以保护保险人的利益。保证按其形式可分为明示保证和默示保证。明示保证是以文字或书面的形式在保险合同中载明，并成为合同条款的保证。明示保证又可分为认定事项保证和约定事项保证。认定事项保证又叫确认保证，涉及过去与现在，是投保人对过去或现在某一特定事实存在或不存在的保证，如某人保证从未得过某种疾病是指过去及现在从未得过，但并不保证将来是否会患该种疾病。约定事项保证又称承诺保证，是指投保人对未来某一特定事项的作为或不作为，其保证的事项涉及现在和将来，如某人承诺今后不从事高危险性的运动是指从现在开始不参加危险性高的运动，但在此前是否参加过并不重要，保险人也无须知晓。默示保证是指并未在保单中明确载明，但订约双方在订约时都清楚的保证。默示保证一般是国际惯例所通行的准则、习惯上或社会公认的在保险实践中所遵守的规则。默示保证在海上保险中应用较多。

（3）弃权与禁止反言

弃权是指保险合同当事人一方放弃其在合同中可以主张的某种权利；禁止反言是指合同一方既已放弃其在合同中的某项权利（即弃权），日后即不得再向另一方主张这种权利，也被称为禁止抗辩。显然，这一规定在保险实践中主要是约束保险人的。弃权与禁止反言的限定，要求保险人对其行为及其代理人在代理授权范围内的行为负责，以防止对投保人或被保险人的利益造成侵害，维护被保险人的权益。

1.4.3 近因原则

近因原则是判断保险事故与保险标的损失之间的因果关系，从而确定保险赔偿责任的一项基本原则。在保险经营实务中，近因原则是处理赔案所需遵循的重要原则之一。所谓近因，是指逻辑上与保险事故发生最近的原因。如果有数种原因同时起作用，则近因是导致该结果的起决定作用或强有力的原因。近因与在时间上或空间上最为接近的原因有不同的意义。

需要注意的是，基于人身保险标的是人的生命、身体或健康，不能用确定的货币来衡量，因此除个别情况外，人身保险合同一般属于定额给付性合同，不适用保险四大基本原则中的损失补偿原则，但人身保险中的医疗等伤害性保险既可以采用定额给付方式，也可以采用补偿方式。如果选择后者，就适用损失补偿原则，保险人对被保险人支付的医疗保险金不得超过被保险人实际支出的医疗费用。同样，伤害性保险也适用由补偿原则派生出来的比例分摊等原则。

习题

1. 以下各项中，（　　）属于人身风险。（多选）

A. 生命风险　　B. 信用风险

C. 责任风险　　D. 健康风险

2. 生命风险可以分为（　　）。（多选）

A. 死亡风险　　B. 失业风险

C. 健康风险　　D. 生存风险

3. 与银行储蓄性不同，人寿保险的储蓄性表现在（　　）。

A. 保险费的积累　　B. 本金加利息之和

C. 现金价值　　D. 保险金额

4. 我国对人身保险合同保险利益的确定方式是（　　）。

A. 对被保险人的存在有精神幸福

B. 投保人或被保险人对保险标的必须具有确定的经济利益

C. 只要投保人征得被保险人同意

D. 限制家庭成员关系范围并结合被保险人同意

5. 下列有关人身保险的陈述正确的有（　　）。（多选）

A. 保险标的是人的生命或身体

B. 保险责任是被保险人的生、老、病、死、伤、残

C. 给付条件是保险期间内保险事故发生，造成被保险人伤残、死亡等或保险期满被保险人生存

D. 保险金多是定额给付

6. 人身保险的作用有（　　）。（多选）

A. 风险分散功能　　B. 保险金给付功能

C. 损失补偿功能　　D. 税收减免功能

7. 什么是人身风险？如何正确理解人身风险的相关因素之间的关系？

8. 试举例说明如何正确认识早逝风险。

9. 收集相关重大疾病的发病率及损失分布、医疗费用数据，谈谈如何进行疾病风险管理。

10. 如何正确理解人身风险管理的意义？

答案：1. AD　2. AD　3. C　4. D　5. ABCD　6. ABD

2 人身保险的数理基础

2.1 利息理论

2.1.1 现值函数与终值函数

(1) 本金、利息与积累值的关系

任何一项普通的金融业务都可视为投资一定数量的资金以产生一定的利息。把每项业务开始时投资的金额，即初始投资的金额称为本金，而经过一段时间后，连本带利回收的总金额称为在该时刻的积累值。积累值与本金的差额就是这一段时期产生的利息或所得到的利息报酬。显然，本金+利息=积累值。

决定积累值或终值大小的三个因素为：本金；投资期限（即投资的时间长度，称度量时间长度的单位为时期，简称为期，可以以 1 年、半年、1 季度、1 月等为 1 期）；利息的度量方式。

(2) 终值函数与总量函数

①终值函数。1 单位本金从投资之时起，经过 t 期后的积累值或终值，记为 $a(t)$ 。在利息度量方式一定的条件下，$a(t)$ 是所经历的时期 t 的函数，称之为终值函数或积累值函数。

它具有如下性质：a. $a(0)=1$；b. 一般地，$a(t)$ 为 t 的增函数（未必是严格的）；c. 当利息连续产生时，$a(t)$ 为 t 的连续函数。

②总量函数。K（$K>0$）个单位本金，经历 t 期后的积累值或终值，记为 $A(t)$。在利息度量方式一定的条件下，它同样是所经历的时期 t 的函数，称之为总量函数或数量函数。$A(t)$ 具有与 $a(t)$ 类似的性质：a. $A(0)=k$；b. 一般地，$A(t)$ 为 t 的增函数；c. 当利息连续产生时，$A(t)$ 为 t 的连续函数。

总量函数与终值函数的关系为：

$$A(t)=k\cdot a(t) \quad \text{或} \quad A(t)=A(0)a(t)$$

即 $K\xrightarrow{\times a(t)}Ka(t)$，因此称 $a(t)$ 为积累因子，这种由本金到终值的过程称为积累过程。

(3) 现值函数

为了获得未来一定数量的货币而现在必须投入的金额或本金就称为这未来一定数量的货币在现在时刻的现值。简言之，将未来一定数量的货币按一定方式折算为现在的价值，称为现值。为了获得 t 期后的 1 单位货币而现在必须投入的本金，即现值，记

为 $a^{-1}(t)$ 。显然，$a^{-1}(t)$ 经过 t 期的积累可以达到终值 1，即 $a^{-1}(t)\cdot a(t)=1$，从而 $a^{-1}(t)=\dfrac{1}{a(t)}$，即 $Ba^{-1}(t)\xrightarrow{\times a(t)}B$，称 $a^{-1}(t)$ 为折现因子，这种将未来金额换算为现在的价值的过程称为折现过程。

2.1.2 利息的度量方式

利息可以用三种方式来度量：一是用利息率来直接度量利息；二是用贴现率来间接度量利息；三是用利息力来度量利息产生的强弱程度。

(1) 利息率

利息率，简称利率，是一定时期内产生的利息与投入或贷出的本金之比率。它反映了单位本金在单位时期内产生利息的多少。

①实际利率。所谓实际利率，就是一定期内实际产生的利息与期初投入的本金之比，直接反映了单位本金在单位时期内产生利息的水平高低。通常把一年结算一次的年利率称为年实际利率。

假设某投资在第 t 期末的积累值为 $A(t)$ 或 $a(t)$，第 t 期的实际利率为 i_t，则

$$i_t=\frac{A(t)-A(t-1)}{A(t-1)}=\frac{a(t)-a(t-1)}{a(t-1)},\ t\in N \tag{2.1}$$

显然，下列关系式成立：

$$A(n)=A(0)(1+i_1)(1+i_2)\cdots(1+i_n) \tag{2.2}$$

$$a(n)=(1+i_1)(1+i_2)\cdots(1+i_n) \tag{2.3}$$

a. 单利。所谓单利，指的是每期产生的利息不加入本金时在下期产生的新的利息，或者说利息与经历的时间长度成正比，即利息=本金×利率×时间。假设每期利率为 i，在时刻 t 按单利计算的终值 $a(t)$ 为：

$$a(t)=1+it,\ t\geqslant 0 \tag{2.4}$$

单利条件下的现值函数为：

$$a^{-1}(t)=(1+it)^{-1} \tag{2.5}$$

b. 复利。按本金计算出的利息加入到本金之中以在下一期产生新的利息，即利上加利或“利滚利”。假设每期利率为 i，在时刻 t 按复利计算的终值 $a(t)$ 为：

$$a(t)=(1+i)^t,\ t\geqslant 0 \tag{2.6}$$

复利条件下的现值函数为：

$$a^{-1}(t)=(1+i)^{-t} \tag{2.7}$$

②名义利率。假设年利率为 6%，每年结转利息 4 次，那么每一季的利率为 $\dfrac{6\%}{4}=1.5\%$ 。若现在投入本金 1，1 年后的终值则为 $(1+1.5\%)^4\approx 1.0614=1+6.14\%$，即年初的本金 1 按照 1 年结息 4 次的方式，在年末将增值 6.14%，这 6.14%就称为年实际利率，而计算所采用的初始年利率 6%则称为年计息 4 次的年名义利率，1.5%称为季实际利率，显然年名义利率是季实际利率为 4 倍。

一般地，如果一期结息 m 次，那么称 $\dfrac{1}{m}$ 期的实际利率的 m 倍为该期的名义利率，

记为 $i^{(m)}$ 。由此可得，$\frac{1}{m}$ 期的实际利率为 $\frac{i^{(m)}}{m}$ 。按每期计息 m 次的名义利率，期初投入的本金 1 在期末的终值为 $\left(1+\frac{i^{(m)}}{m}\right)^m$ ，将其写成：

$$\left(1+\frac{i^{(m)}}{m}\right)^m=1+i \tag{2.8}$$

满足式（2.8）中的 $i^{(m)}$ 与 i 具有等价关系，即相同的本金经历相同的时间将达到相同的终值。

（2）贴现率

①实际贴现率。贴现率就是贴息与票据到期应得金额之比率，而实际贴现率则是在一期内贴息的金额（或损失的利息金额）与期末的应付金额之比率，反映了单位到期值每提前一期而损失的利息。换言之，实际贴现率就是一期内贴现一次的贴现率，将实际贴现率记为 d 。

实际贴现率有单贴现与复贴现之分。在单贴现情形，假设每期贴现率为 d ，最后一期的终值为1，于是 $a^{-1}(t)=1-dt$ ，其中 $0\leqslant t\leqslant\frac{1}{d}$ 。在复贴现情形，假设每期贴现率为 d ，则 $a^{-1}(t)=(1-d)^t$ 。前者每期扣除的贴息的绝对数相同，以到期值为基准计算贴现；后者每期扣除的比例相同，每期的贴息从到期值中扣除后作为新的到期值以计算新的贴息，即“折上有折”。

利息率与贴现率的关系：

$1\xrightarrow{\text{在利率 } i \text{ 的作用下}}1+i$ ，即1单位本金在期末的终值为 $1+i$ ；反过来，可计算出实际贴现率 d ：

$$d=\frac{i}{1+i} \tag{2.9}$$

$1-d\xleftarrow{\text{在贴现率 } d \text{ 的作用下}}1$，即期末1单位到期值在期初的现值为 $1-d$ ；反过来，可计算出实际利率 i ：

$$i=\frac{d}{1-d} \tag{2.10}$$

按照利率方式，期末的终值1对应于期初的现值为 $v=\frac{1}{1+i}$，由此可得：

$$1-d=v \tag{2.11}$$

根据本金1经过先积累再贴现后又还原为1可得：$(1+i)(1-d)=1$，从而也可说明式（2.11）成立。由此也可看出，贴息只不过是利息的现值。相应地，利息就是贴息的终值。而且还可得到 $i-d=id$ 。

②名义贴现率。如果每一期内计算 m 次贴息，那么将1期的实际贴现率的 m 倍称为该期的名义贴现率，记为 $d^{(m)}$ 。由此可得，$\frac{1}{m}$ 期的实际贴现率为 $\frac{d^{(m)}}{m}$ 。

一般地，假设一期内计算 m 次贴息的名义贴现率为 $d^{(m)}$ 。期末1单位终值在期初的现值为$\left(1-\frac{d^{(m)}}{m}\right)^{m}$，将其写成$1-d$，则$d$就是该期的实际贴现率。

$$\left(1-\frac{d^{(m)}}{m}\right)^{m}=1-d \tag{2.12}$$

$$d=1-\left(1-\frac{d^{(m)}}{m}\right)^{m} \tag{2.13}$$

$$d^{(m)}=m[1-(1-d)^{\frac{1}{m}}]=m(1-v^{\frac{1}{m}}) \tag{2.14}$$

（3）利息力

设一笔投资在时刻t的积累值为$A(t)$，定义该投资在时刻t的利息力为：

$$\delta_t=\frac{\frac{\mathrm{d}}{\mathrm{d}t}A(t)}{A(t)}=\frac{A'(t)}{A(t)} \tag{2.15}$$

或用积累值函数$a(t)$来定义在时刻t的利息力：

$$\delta_t=\frac{\frac{\mathrm{d}}{\mathrm{d}t}a(t)}{a(t)}=\frac{a'(t)}{a(t)} \tag{2.16}$$

由于$A(t)=A(0)a(t)$，因此二者是等价的。根据利息力定义：

$$\delta_t^{+}=\lim_{\Delta t\to 0+}\frac{A(t+\Delta t)-A(t)}{\Delta tA(t)}=\lim_{\Delta t\to 0+}\frac{\frac{A(t+\Delta t)-A(t)}{A(t)}}{\Delta t} \tag{2.17}$$

式（2.17）反映了单位本金每期产生利息的多少或强弱程度，故又称为利息强度，本质上就是名义利率。

类似于式（2.17）的分析，$\delta_t^{+}=\lim_{\Delta t\to 0-}\frac{A(t)-A(t+\Delta t)}{-\Delta tA(t)}$本质上为名义贴现率，反映了单位到期值每提前一期而损失利息的多少，又称为贴息强度。

用利息力δ_t表示$a(t)$或$A(t)$。根据息力的定义，对式（2.16）两边积分，即

$$\int_0^t\delta_t\cdot\mathrm{d}t=\int_0^t\mathrm{d}\ln a(t)=\ln a(t) \tag{2.18}$$

$$a(t)=e^{\int_0^t\delta_t\cdot\mathrm{d}t} \tag{2.19}$$

这表明，投入一个货币单位的本金，在利息力δ_t已知的条件下，经过时期t后的终值可按公式（2.18）计算。

问题的另一方面为，经过时期t后的一个货币单位的资本，在利息力δ_t已知的条件下，它在该时期之初的现值为：

$$a^{-1}(t)=e^{-\int_0^t\delta_t\cdot\mathrm{d}t} \tag{2.20}$$

综上所述，容易得出实际利率、名义利率、实际贴现率、名义贴现率、利息力之间的关系：

$$\left(1+\frac{i^{(m)}}{m}\right)^{m}=1+i=(1-d)^{-1}=\left(1-\frac{d^{(n)}}{n}\right)^{-n}=e^{\delta} \tag{2.21}$$

或 $\left(1+\frac{i^{(m)}}{m}\right)^{-m}=(1+i)^{-1}=1-d=\left(1-\frac{d^{(n)}}{n}\right)^{n}=e^{-\delta}$ (2.22)

2.1.3 确定年金

年金是指在一定时期内在相等的时间间隔上所做的一系列给付。年金并不局限于每年给付一次，只要是每隔相等的时间间隔提供一次给付就形成一个年金。而且，年金每次的给付额可以是固定量，也可以是非固定量。

确定年金是年金的一种形式，指只要事先约定，就必定会支付的年金，即确定年金仅与利率有关，而与人的生死无关。确定年金有多种分类，通常情况下的分类有：年金在每期开始时支付的期初付年金以及每期结束时支付的期末付年金，年金的给付在签约后即刻开始的即期年金以及经过一段时间后才开始的延期年金，等等。

(1) 每期支付一次的等额确定年金

①期末付年金。设每期利率为 i，每期末给付 1，给付 n 期的年金在 0 点的现值记为 $a_{\overline{n}|}$，在 n 点的终值记为 $s_{\overline{n}|}$ 或 $s_{\overline{n}|i}$，它们分别为该期末付年金的现值和终值。

$$a_{\overline{n}|}=v+v^{2}+\cdots+v^{n}=\frac{1-v^{n}}{i} \tag{2.23}$$

$$s_{\overline{n}|}=(1+i)^{n-1}+(1+i)^{n-2}+\cdots+(1+i)+1=\frac{(1+i)-1}{i} \tag{2.24}$$

由式（2.23）和式（2.24）可得 $a_{\overline{n}|}$ 和 $s_{\overline{n}|}$ 具有如下关系：

$$s_{\overline{n}|}=(1+i)^{n}a_{\overline{n}|} \tag{2.25}$$

②期初付年金。设每期利率为 i，每期期初给付 1，给付 n 期的年金在 0 点的现值记为 $\ddot{a}_{\overline{n}|}$，在 n 点的终值记为 $\ddot{s}_{\overline{n}|}$ 或 $\ddot{s}_{\overline{n}|i}$。依据年金现值、终值的定义有：

$$\ddot{a}_{\overline{n}|}=1+v+\cdots+v^{n-1}=\frac{1-v^{n}}{d} \tag{2.26}$$

$$\ddot{s}_{\overline{n}|}=(1+i)^{n}+(1+i)^{n-1}+\cdots(1+i)=\frac{(1+i)^{n}-1}{d} \tag{2.27}$$

由式（2.26）和式（2.27）可得 $\ddot{a}_{\overline{n}|}$ 和 $\ddot{s}_{\overline{n}|}$ 具有如下关系：

$$\ddot{s}_{\overline{n}|}=(1+i)^{n}a_{\overline{n}|} \tag{2.28}$$

③期末付年金与期初付年金的关系。

$$\ddot{a}_{\overline{n}|}=a_{\overline{n}|}(1+i) \tag{2.29}$$

$$\ddot{s}_{\overline{n}|}=s_{\overline{n}|}(1+i) \tag{2.30}$$

$$\ddot{a}_{\overline{n}|}=a_{\overline{n-1}|}+1 \tag{2.31}$$

$$\ddot{s}_{\overline{n}|}=s_{\overline{n+1}|}-1 \tag{2.32}$$

(2) 每期给付 m 次的等额确定年金

①期末付年金。设每期利率为 i，每 $\frac{1}{m}$ 期末给付 $\frac{1}{m}$，给付 n 期的年金的现值记为 $a_{\overline{n}|}^{(m)}$ 或 $a_{\overline{n}|i}^{(m)}$，给付 n 期的年金的终值记为 $s_{\overline{n}|}^{(m)}$ 或 $s_{\overline{n}|i}^{(m)}$。

$$a_{\overline{n}|}^{(m)}=\frac{1}{m}\left(v^{\frac{1}{m}}+v^{\frac{2}{m}}+\cdots+v^{\frac{mn}{m}}\right)\frac{1-v^{n}}{i^{(m)}} \tag{2.33}$$

$$s_{\overline{n}|}^{(m)} = \frac{1}{m}[(1+i)^{\frac{mn-1}{m}} + (1+i)^{\frac{mn-2}{m}} + \cdots + (1+i)^{\frac{1}{m}} + 1] = \frac{(1+i)^n - 1}{i^{(m)}} \quad (2.34)$$

$a_{\overline{n}|}^{(m)}$ 与 $s_{\overline{n}|}^{(m)}$ 的关系：

$$a_{\overline{n}|}^{(m)} = v^n s_{\overline{n}|}^{(m)} \quad (2.35)$$

$$s_{\overline{n}|}^{(m)} = (1+i)^n a_{\overline{n}|}^{(m)} \quad (2.36)$$

②期初付年金。设每期利率为 i，每 $\frac{1}{m}$ 期初给付 $\frac{1}{m}$，给付期的年金的现值与终值分别记为 $\ddot{a}_{\overline{n}|}^{(m)}$、$\ddot{s}_{\overline{n}|}^{(m)}$。

$$\ddot{a}_{\overline{n}|}^{(m)} = \frac{1}{m}(1 + v^{\frac{1}{m}} + v^{\frac{2}{m}} + \cdots + v^{\frac{mn-1}{m}}) = \frac{1-v^n}{d^{(m)}} \quad (2.37)$$

$$\ddot{s}_{\overline{n}|}^{(m)} = \frac{1}{m}[(1+i)^{\frac{mn}{m}} + (1+i)^{\frac{mn-1}{m}} + \cdots + (1+i)^{\frac{1}{m}}] = \frac{(1+i)^n - 1}{d^{(m)}} \quad (2.38)$$

$\ddot{a}_{\overline{n}|}^{(m)}$ 与 $\ddot{s}_{\overline{n}|}^{(m)}$ 的关系：

$$\ddot{a}_{\overline{n}|}^{(m)} = v^n \ddot{s}_{\overline{n}|}^{(m)} \quad (2.39)$$

$$\ddot{s}_{\overline{n}|}^{(m)} = (1+i)^n \ddot{a}_{\overline{n}|}^{(m)} \quad (2.40)$$

2.2 生命表和生命函数

2.2.1 生命表

人身保险，特别是寿险，是以被保险人的生存和死亡为保险责任的保险，其保费和准备金的计算与被保险人的生死有着密切的关系，然而被保险人自保单生效后的未来存活时间是不确定的，因此我们需要研究人的生、死的规律及其有关概率的计算。

（1）概述

生命表，又称死亡表，是对一定时期某国家或地区的特定人群自出生直至全部死亡这段时间内的生存和死亡情况的记录。它刻画了处于整数年龄的人在整数年内生存或死亡的情况。

生命表所考察的这一群人是一确定的生存集合，一般具有以下三个特点：①人群基数为 l_0；②集合是封闭的，即一旦选定，就不再有人进入，集合人数减少的唯一原因是人的自然死亡；③集合中各成员在每一年龄段上的死亡率是确定的。

生命表是寿险精算的基础，在厘定保险费和计算责任准备金时，都是以之为基础计算的。确切地讲，生命表中记载的生存数、死亡数、生存率、死亡率以及平均余命等是寿险精算的基础。

（2）生存模型

在寿险中，我们视被保险人的生存和死亡为随机变量，并在此前提下进行相关的计算，同时，为了简化问题，我们一般假定利率为常数。

为了了解和分析生命函数，我们在此引人几个与生命密切相关的随机变量。

① $T(x)$: x 岁人的余命，也即年龄为 x 岁的人未来存活的时间，通常简写为 T，且 T 是一个连续的随机变量。特别地，$T(0)$ 表示新生儿未来存活的时间。

② $F_x(t)$: T 的分布函数，定义为 $F_x(t) = P(T \leqslant t)$，即对于任意给定的 t，x 岁的人在 t 年之内死亡的概率。特别地，$F_0(t)$ 表示 $T(0)$ 的分布函数。

③ $S_x(t)$: x 岁人的生存函数，定义为 $S_x(t) = 1 - F_x(t) = P(T > t)$，即表示 x 岁的人将至少活到 $x + t$ 岁的概率。特别地，$S_0(t)$ 表示新生儿的生存函数。

下面对 $S_x(t)$ 做一些变换，可以有助于读者进一步的理解：

$$\begin{aligned} S_x(t) &= P(T > t) \\ &= P[T(0) > x + t \mid T(0) > x] \\ &= \frac{P[T(0) > x + t]}{P[T(0) > t]} \\ &= \frac{S_0(x + t)}{S_0(x)} \end{aligned} \tag{2.41}$$

上式又可以写成：

$$S_x(x + t) = S_x(x) S_x(t) \tag{2.42}$$

(3) 生命表的结构

通常，生命表包括以下五个基本栏目：

① x : 被观察的人口年龄。

② l_x : 生存数，指 x 岁的生存人数。

$$l_x = l_0 \cdot P[T(0) > x] = l_0 \cdot S_0(x) \tag{2.43}$$

③ d_x : 死亡数，指 x 岁的人在一年内死亡的人数。

$$\begin{aligned} d_x &= l_0 \cdot \{P[T(0) > x] - P[T(0) > x + 1]\} \\ &= l_0 \cdot S_0(x) - l_0 \cdot S_0(x + 1) = l_x - l_{x+1} \end{aligned} \tag{2.44}$$

④ p_x : 生存率，指 x 岁的人在一年后仍生存的概率。

$$p_x = P(T \geqslant 1) \tag{2.45}$$

⑤ q_x : 死亡率，指 x 岁的人在一年内死亡的概率。

$$q_x = P(T < 1) = 1 - p_x \tag{2.46}$$

生命表各栏目间存在如下关系：

$$l_x - l_{x+1} = d_x \tag{2.47}$$

$$p_x = \frac{l_{x+1}}{l_x} \tag{2.48}$$

$$q_x = \frac{d_x}{l_x} \tag{2.49}$$

$$p_{x+} q_x = 1 \tag{2.50}$$

$$l_x = \sum_{0}^{\infty} d_{x+k} \tag{2.51}$$

$$l_x - l_{x+n} = \sum_{k=0}^{\infty} d_{x+k} \tag{2.52}$$

(4) 生命表的选择

生命表是针对确定的人群构造的，依据不同的划分标准，生命表可划分为不同的类型：以一国国民为对象的国民生命表和以人寿保险公司被保险人集团为对象的经验生命表；以性别为标准划分时可分为男子表、女子表及男女混合表。此外，按照所考察人群死亡率测定的观察期间取法的不同，生命表还可分为选择表、综合表和截断表。考虑到寿险业务和年金业务中被保险人生死状况的差异，生命表还可进一步划分为寿险生命表和年金生命表。

2.2.2 生命函数

(1) 一般整数年龄生命函数

① ${}_tp_x$：x 岁的人至少活到 $x+t$ 岁的概率。

$$ {}_tp_x = P(T > t) = S_x(t) = \frac{S_0(x+t)}{S_0(x)} \tag{2.53} $$

② ${}_tq_x$：x 岁的人在 $x+t$ 岁之前死亡的概率。

$$ {}_tq_x = P(T \leqslant t) = F_x(t) = 1 - {}_tp_x \tag{2.54} $$

③ μ_x：x 岁时的死力，指在活到 x 岁的人当中，在一瞬间死亡的人所占的比率。其严格的数学定义为：

$$ \mu_x = -\frac{S_0'(x)}{S_0(x)} \tag{2.55} $$

死力又称死亡密度或者瞬间死亡率。设 $f_x(t)$ 为概率密度函数，那么

$$ \begin{aligned} f_x(t) = F_x'(t) &= -\frac{S_0'(x+t)}{S_0(x)} \\ &= -\frac{S_0(x+t)}{S_0(x)} \cdot \frac{S_0'(x+t)}{S_0(x+t)} \\ &= {}_tp_x \cdot \mu_{x+t} \end{aligned} \tag{2.56} $$

④ ${}_td_x$：x 岁的人在未来 t 年内死亡的数目。其概率表达式为：

$$ \begin{aligned} {}_td_x &= l_0 \cdot [P(T(0) > x) - P(T(0) > x+t)] \\ &= l_0 \cdot S_0(x) - l_0 \cdot S_0(x+t) = l_x - l_{x+t} \end{aligned} \tag{2.57} $$

⑤ L_x：活到 x 岁的人群在 x 岁和 $x+1$ 岁之间所活的总年数。

$$ L_x = \int_0^1 l_{x+t}\mu_{x+t} t \mathrm{d}t + l_{x+1} = \int_0^1 l_{x+t} \mathrm{d}t \tag{2.58} $$

⑥ T_x：活到 x 岁的人群在 x 岁之后所活的总年数。

$$ T_x = \int_0^\infty l_{x+t}\mu_{x+t} t \mathrm{d}t = \int_0^1 l_{x+1} \mathrm{d}t \tag{2.59} $$

(2) 余命

①取整余命。令 $K_x = [T(x)]$，表示 x 岁的人未来存活的整年数，简称为取整余命。显然，K_x 是一个离散型随机变量，我们可从 $T(x)$ 的分布来研究 K_x 的分布。

$$
\begin{aligned}
P[K(x)=n] &= p[n \leqslant T(x) \leqslant n+1] \\
&= F_x(n+1) - F_x(n) \\
&= S_x(n) - S_x(n+1) \\
&= \frac{S_0(x+n)}{S_0(x)} - \frac{S_0(x+n+1)}{S_0(x)} \\
&= \frac{S_0(x+n) - S_0(x+n+1)}{S_0(x)}
\end{aligned} \tag{2.60}
$$

②平均余命。从前面的内容可知，被保险人的余命是一个随机变量，我们称余命这一随机变量的均值为平均余命。需要注意的是，平均余命是针对某个人群或某年龄的人的集团而言的，指的是集团中每个成员的余命的平均值。平均余命有两种形式：

a. 完全平均余命。某年龄对应的完全平均余命，是指全部可能生存的期间，包括不满 1 年的零数均计算在内的余命的平均值。我们用 $\overset{0}{e}_x$ 表示年龄为 x 岁的人的完全平均余命。显然，$x+\overset{0}{e}_x$ 为年龄为 x 岁的人的平均死亡年龄。

根据完全平均余命的定义，其计算公式如下：

$$
\begin{aligned}
\overset{0}{e}_x &= E(T(x)) = \int_0^\infty t \cdot {}_tp_x \cdot \mu_{x+t} \mathrm{d}t \\
&= \int_0^\infty {}_tp_x \cdot \mathrm{d}t = \frac{\int_0^\infty l_{x+t} \cdot \mathrm{d}t}{l_x} = \frac{T_x}{l_x}
\end{aligned} \tag{2.61}
$$

b. 简约平均余命。某年龄对应的简约平均余命是指只考虑所生存的整年期，不包括不满 1 年的零数而计算的余命的平均值。年龄为 x 岁的人的简约平均余命用 e_x 表示。年龄为 x 岁的人的简约平均余命为：

$$
\begin{aligned}
e_x &= E(K(x)) = \sum_{k=0}^{\infty} k \cdot P(K-k) \\
&= \sum_{k=0}^{\infty} {}_{k+1}p_x = \frac{l_{x+1} + l_{x+2} + \cdots + l_x}{l_x}
\end{aligned} \tag{2.62}
$$

c. 简约平均余命和完全平均余命的关系。

$$
\overset{0}{e}_x = e_x + \frac{1}{2} \tag{2.63}
$$

2.3 生存年金

2.3.1 生存年金概述

生存年金也是年金的一种形式，以人的生存作为年金支付的条件，即以特定的人仍在生存中为限制条件，按期进行一系列的给付。生存年金与确定年金的基本区别表现在：首先，生存年金以特定的人的生存为给付的条件，而确定年金是一种与特定的人或年金受领人的生死无关，给付期确定，并且每期给付额也确定的一种年金。但是，在生存年金中，生存仅为给付的必要条件而非充分条件。也就是说，特定的人死亡，年金停止给付；特定的人生存，同样有可能得不到给付。其次，生存年金的给付期间或给付次数，事先无法确定，而确定年金的给付期间或给付次数事前可以确定。最后，生存年金的有关计算，除考虑利息率外，还必须考虑特定的人或年金受领人的生存率，因而它是一种不确定年金；而确定年金的计算，一般只考虑利息率。

生存年金按不同的标准也有多种分类：仅限特定的人仍在生存中终身均予给付年金额的称为终身年金；以某一特定期间为限，且以特定的人仍生存作为给付年金额的条件的称为定期生存年金；生存一定期间或到达一定年龄后，以特定的人仍生存为给付年金额的条件的称为延付年金；与延付年金相对，从订约年度开始就以生存为给付年金额的条件的称为即时年金。

2.3.2 年付一次的生存年金

根据前述内容，在已知复利息率 i 的条件下，n 年来 R 元的现值等于 RV^n，其中 V 是贴现因子。进一步分析，如果一个人在 n 年年末有 p 的可能性获得 R 元，那么这个人在年末期望获得的值应为 $R \cdot p$，显然这个期望值在 n 年年初的现值为 $V^n(R \cdot p)$。

现将上述思路用于分析与人的生死有关的情形。现年 x 岁的人，若在以后的 n 年内生存，则在年末他可以获得 R 元的给付；反之，若他在这 n 年内死亡，则这个人将分文无获。试求这个人在年末期望获得的给付额在年初的现值。

不难得出，这个本在年末期望获得的给付额为 $(R \cdot {}_np_x)$，这一给付额在 n 年初的现值为：

$$(R \cdot {}_np_x) = R \cdot V^n \cdot {}_np_x \tag{2.64}$$

为区别于确定给付的现值，以生存为条件所做给付的现值，通常称为精算现值。当 $R=1$ 时，精算现值 $R \cdot V^n \cdot {}_np_x$ 变为 $V^n \cdot {}_np_x$，其值用特定符号 ${}_nE_x$ 表示，即

$${}_nE_x = V^n \cdot {}_np_x \tag{2.65}$$

如果将前述情形视为一种以被保险人在这 n 年期间内的生存为保险事故，给付约定保险金，如果被保险人于期内死亡，则其所缴保险费分文不退的纯生存保险，那么精算现值 ${}_nE_x$ 便成为被保险人或其投保人购买保险金 1 元的纯生存保险的趸缴纯保险费。

在寿险精算中，常常引进替换函数，以使结论的表达清晰、运算简化。在此，定义替换函数 D_x：$D_x = V^x \cdot l_x$，从而

$${}_nE_x = V^n \cdot {}_np_x = V^n \frac{l_{x+n}}{l_x} = \frac{V^{x+n} \cdot l_{x+n}}{V^x \cdot l_x} = \frac{D_{x+n}}{D_x} \tag{2.66}$$

我们首先考虑不连续的生存年金：年金签约年龄为 x 岁，每年以生存为条件提供的给付额为 1，利率为 i。

(1) 期初生存年金

①终身生存年金。我们以 $\ddot{a}^x$ 表示此年金在 x 岁的精算现值，终身生存年金在 x 岁

的精算现值为：

$$\ddot{a}^{x} = \sum_{k=0}^{\infty} {}_{k}E_{x} = \sum_{k=0}^{\infty} V^{x} \cdot {}_{k}p_{x} = \sum_{k=0}^{\infty} \frac{D_{x+k}}{D_{x}} = \frac{1}{D_{x}} \cdot \sum_{k=0}^{\infty} D_{x+k} \frac{N_{x+1}}{D_{x}} \tag{2.67}$$

引入替换函数 $N_{x} = \sum_{k=0}^{\infty} D_{x+k}$ ，则

$$\ddot{a}^{x} = \frac{N_{x}}{D_{x}} \tag{2.68}$$

② n 年生存年金。我们以 $\ddot{a}_{x:\,\overline{n}|}$ 表示此年金在 x 岁的精算现值，类似于终身生存年金的分析，可知：

$$\ddot{a}_{x:\,\overline{n}|} = \sum_{k=0}^{n-1} {}_{k}E_{x} = \frac{1}{D_{x}} \cdot \sum_{k=0}^{n-1} D_{x+k} = \frac{N_{x} - N_{x+n}}{D_{x}} \tag{2.69}$$

③ n 年延付终身生存年金。我们以 ${}_{n|}\ddot{a}_{x}$ 表示此年金在 x 岁的精算现值，由定义知：

$${}_{n|}\ddot{a}_{x} = \sum_{k=n}^{\infty} {}_{k}E_{x} = \frac{N_{x+n}}{D_{x}} \tag{2.70}$$

④ n 年延付 m 年生存年金。我们以 ${}_{n|m}\ddot{a}_{x}$ 表示此年金在 x 岁的精算现值：

$${}_{n|m}\ddot{a}_{x} == \frac{N_{x+n} - N_{x+n+m}}{D_{x}} \tag{2.71}$$

（2）期末生存年金

①终身生存年金。我们以 a^{x} 表示此年金在 x 岁的精算现值：

$$a^{x} = \sum_{k=1}^{\infty} {}_{k}E_{x} = \frac{N_{x+1}}{D_{x}} \tag{2.72}$$

② n 年生存年金。我们以 $a_{x:\,\overline{n}|}$ 表示此年金在 x 岁的精算现值，类似于终身生存年金的分析，可知：

$$a_{x:\,\overline{n}|} = \sum_{k=1}^{n} {}_{k}E_{x} = \frac{1}{D_{x}} \cdot \sum_{k=1}^{n} D_{x+k} = \frac{N_{x+1} - N_{x+n+1}}{D_{x}} \tag{2.73}$$

③ n 年延付终身生存年金。我们以 ${}_{n|}a_{x}$ 表示此年金在 x 岁的精算现值，由定义知：

$${}_{n|}a_{x} = \sum_{k=n+1}^{\infty} {}_{k}E_{x} = \frac{N_{x+n+1}}{D_{x}} \tag{2.74}$$

④ n 年延付 m 年生存年金。我们以 ${}_{n|m}a_{x}$ 表示此年金在 x 岁的精算现值：

$${}_{n|m}a_{x} == \frac{N_{x+n+1} - N_{x+n+m+1}}{D_{x}} \tag{2.75}$$

2.3.3 年付 m 次的生存年金

在实际中，生存年金并不只限于每年给付一次，而是存在大量每隔半年、一个季度甚至一个月便给付一次的生存年金。本节我们考虑这样的年金：签约年龄为 x 岁，年金额为 1，一年中分 m 次支付，每次支付 $\frac{1}{m}$ ，年利率为 i 。

（1）期末生存年金

①终身生存年金。用 $a_x^{(m)}$ 表示此年金的精算现值，则运用 *woolhouse* 近似公式，表达式为：

$$a_x^{(m)} \approx a_x + \frac{m-1}{2m} = \frac{N_{x+1} + \frac{m-1}{2m} \cdot D_x}{D_x} \tag{2.76}$$

② n 年生存年金。用 $a_{x:\overline{n|}}^{(m)}$ 表示此年金的精算现值，则

$$a_{x:\overline{n|}}^{(m)} = a_x^{(m)} - {}_{n|}a_x \approx \frac{N_{x+1} - N_{x+n+1} + \frac{m-1}{2m} \cdot (D_x - D_{x+n})}{D_x} \tag{2.77}$$

（2）期初付生存年金

类似于期末生存年金的推导，运用 *woolhouse* 近似公式，可以得到期初付生存年金的精算现值：

$$\ddot{a}_x^{(m)} \approx \ddot{a}_x - \frac{m-1}{2m} \tag{2.78}$$

2.4 人寿保险保费的确定

2.4.1 人寿保险纯保费的确定

（1）趸缴纯保险费

趸缴纯保险费就是一次缴清的保费。它是投保人或被保险人实际缴纳的保险费扣除附加保险费后的余额。在人寿保险中，纯保险费的计算是以预定死亡率和预定利息率为主要因素，按收支相等原则，依年龄分别计算的。趸缴纯保费的计算原则为：

趸缴纯保费的精算现值 = 保额的精算现值

①终身人寿保险。终身人寿保险是指自投保之日起，无论投保人何时死亡，保险人均须在被保险人死亡时给付保险金的保险。

设年龄为 x 岁的人投保终身人寿保险，保额为 1 且在死亡发生的当年年末支付，以 A_x 表示其趸缴纯保险费，则

$$A_x = E(Z) = \sum_{k=0}^{\infty} V^{k+1} \cdot {}_kp_x \cdot q_{x+k} = \sum_{k=0}^{\infty} V^{k+1} \cdot \frac{d_{x+k}}{l_x}$$

$$= \frac{1}{V^x \cdot l_x} \sum_{k=0}^{\infty} V^{x+k+1} \cdot d_{x+k} \tag{2.79}$$

定义替换函数 C_x 和 M_x：

$$C_x = V^{x+1} \cdot d_x \tag{2.80}$$

$$M_x = C_x + C_{x+1} + \cdots \tag{2.81}$$

可得：

$$A_x = \frac{M_x}{D_x} \tag{2.82}$$

当终身寿险的保险金额为 R 元时，其趸缴纯保险费为：

$$R \cdot A_x = R \cdot \frac{M_x}{D_x} \tag{2.83}$$

②定期人寿保险。死亡保险中，保险期限以一定时期为限的称为定期保险。定期保险仅于被保险人在保险期限内死亡时给付保险金，生存至期满则分文不付。

用 $A^1_{x:\overline{n}|}$ 表示 x 岁的人签约的，保险金额为 1 元的 n 年定期（死亡）保险的趸缴纯保费，则

$$\begin{aligned} A^1_{x:\overline{n}|} &= E(Z) = \sum_{k=0}^{n-1} V^{k+1} \cdot {}_k p_x \cdot q_{x+k} = \frac{1}{V^x \cdot l_x} \cdot \sum_{k=0}^{n-1} V^{x+k+1} \cdot d_{x+k} \\ &= \frac{M_x - M_{x+n}}{D^x} = \frac{C_x}{D_x} \end{aligned} \tag{2.84}$$

③延期人寿保险。延期人寿保险是指被保险人在指定保险期内死亡时保险人给付保险金，在延长期内死亡则保险人不付保险金。延期人寿保险可分为延期终身人寿保险和延期定期人寿保险。

a. 延期终身人寿保险。用 ${}_{r|}A_x$ 表示关于 x 岁的人签约的，保险金额为 1 元的 r 年延期终身人寿保险的趸缴纯保险费。

$${}_{r|}A_x = \frac{M_{x+r}}{D_x} \tag{2.85}$$

b. 延期定期人寿保险。用 ${}_{r|n}A_x$ 表示 x 岁的人签约的，保险金额为 1 元的 r 年延期定期人寿保险的趸缴纯保险费。

$${}_{r|n}A_x = \frac{M_{x+r} - M_{x+r+n}}{D_x} \tag{2.86}$$

④两全保险。两全保险是指被保险人无论是在 x 岁之前死亡，还是活至 $x+n$ 岁，保险人均须支付保险金。

设年龄为 x 岁的人投保保险期限为 n 年，保额为 1 的两全保险，以 $A_{x:\overline{n}|}$ 表示其趸缴纯保险费。

$$A_{x:\overline{n}|} = \frac{M_x - M_{x+n} + D_{x+n}}{D^x} \tag{2.87}$$

（2）均衡纯保险费

对一般保单来说，保费都是分期缴纳的。每期缴纳的保费既可采用自然保费，也可采用均衡保费。自然保费是指每期按被保险人当期的出险频率计算的保费。均衡保费是指每期缴纳相同的保费。

均衡纯保费计算的一般原理。根据等值方程可知，对保额、保险期限确定的同一险种来说，趸缴纯保费的精算现值与均衡纯保费的精算现值应相等，都等于保额的精算现值。所以我们可以利用已求出的趸缴纯保费来计算定期缴纳的均衡纯保费。

我们以 NSP (Net Single Premium) 表示死亡保险和生存年金的趸缴纯保费的精算现值，以 P 表示定期缴纳的均衡纯保费，Y 表示投保人缴纳的单位纯保费的现值。

$$P = \frac{NSP}{E(Y)} \tag{2.88}$$

式（2.88）中，$E(Y)$ 表示单位均衡纯保费形成的生存年金的精算现值。

以下考虑保额为1，签订保单的人的年龄为 x 岁，保险期限为 n 年，保费缴纳期限为 h 年（$h \leqslant n$）的险种的均衡纯保费的计算。我们以 ${}_hP$ 表示保费缴纳期限为 h 年的均衡纯保费。显然，当 $h=1$ 时，均衡纯保费就成为趸缴纯保费。当缴纳保费的期限与保单期限相同时，我们就直接以 P 表示均衡纯保费。

①定期人寿保险。我们以 ${}_hP^1_{x:\overline{n|}}$ 表示保额在死亡发生之年年末支付的 n 年死亡保险的年均衡纯保费。

$${}_hP^1_{x:\overline{n|}} = \frac{M_x - M_{x+n}}{N_x - N_{x+n}} \tag{2.89}$$

②终身人寿保险。用 ${}_hP_x$ 表示保额在死亡发生之年年末支付的 h 年死亡保险的年均衡纯保费。

$${}_hP_x = \frac{M_x}{N_x - N_{x+h}} \tag{2.90}$$

③ n 年两全保险。以 ${}_hP^1_{x:\overline{n|}}$ 表示 n 年两全保险的年均衡纯保费。

$${}_hP^1_{x:\overline{n|}} = \frac{M_x - M_{x+n} + D_{x+n}}{N_x - N_{x+h}} \tag{2.91}$$

2.4.2 人寿保险附加保费与毛保费的确定

（1）费用负荷毛保费的计算

前面讨论了在预定死亡率和预定利息率基础上对纯保费的计算，即在收支平衡原则下，使保险人所承担的保险责任（保额）的精算现值，等于投保人为此而支出的代价（纯保费）的精算现值。由于计算中并未考虑保险人在经营过程中发生的各项费用，所以，本小节将讨论费用负荷毛保费的计算。我们知道，费用负荷毛保费应恰好提供保额支付和保单所需一切费用的资金支持。费用负荷毛保费的计算方法与纯保费的计算方法相同，都必须遵循等值方程，只是前者需要对费用进行一定的分析。我们的讨论就从费用分析开始。

①费用分析。寿险费用是指寿险经营中所发生的，除保险责任（保额）外的一切支出。因寿险要求保险公司在保单生效前计算出保费，所以保险公司除了对利息率和死亡率进行估计外，也需对在未来可能发生的各项费用进行估计，即计算保费时所用费用率为预定费用率。这是预定费用率为计算保费的三大基础之一的重要原因。

按经营过程环节可将费用分为四类：一是承保费，又叫发行费，指与新保单有关的所有费用，一般按保单来收取，通常作为固定量处理，有时也看成与保费成一定比例。如销售费用（佣金、广告费等）、风险分类费（包括健康检查费）、准备新的合同费等。二是维持费，又叫揽收费，与费用负荷毛保费成比例，每年年初收取保费时发生该费用。如收取保费的费用、保单内容变更费用等。三是理赔费。在理赔时发生，理赔费一般与保额成比例。如死亡调查费、法律纠纷费、给付手续费等。四是一般费用。其他费用都归于此类，在整个合同期限内收取该费用，在每个年度的开始通常将一般费用作为保额或年金额的一定比例来收取。如研究费用、税金、工资、租金、执照费等。

②均衡费用负荷毛保费的计算。对费用负荷毛保费的计算有两种方法：一是直接根据等值方程来计算费用负荷毛保费。同均衡纯保费一样，费用负荷毛保费要遵循收支平衡原则，式（2.92）即是其计算公式。二是通过对利率和死亡率采用较稳健的假设而在“纯保费”中设置不明显的费用负荷，从而得出费用负荷毛保费。

费用负荷毛保费的精算现值 = 保额的精算现值 + 费用的精算现值　　（2.92）

（2）毛保费的计算

前面求出的费用负荷毛保费是保险公司向投保人收取的毛保费的主要部分。除此之外，保险公司还要附加一定的风险加成、利润加成等因素。保险公司在经营过程中可能会遇到各种各样的不确定性：资本市场的波动会造成实际利息率与预定利息率之间的差异，被保险人群体的变化会引起预定死亡率与实际死亡率之间的不同，经营状况的更改会带来预定费用率与实际费用率的区别。预定比率与实际比率的偏差，是保险公司所面临风险的主要原因。一般情况下，保险公司都要在费用负荷毛保费的基础上进行风险加成。另外，为了获得一定的盈利，保险公司同样要在费用负荷毛保费的基础上进行利润加成。风险加成和利润加成是保险公司除费用负荷毛保费外向投保人收取的主要部分。

在实际中，风险加成和利润加成表现为每年确定的数额或保费的一定百分比。这与对费用的假设一样，因此对毛保费的计算实际上与对费用负荷毛保费的计算一样，亦须遵循收支平衡原则，式（2.93）即是其计算公式。有时，为了简化起见，可通过对利率、死亡率及费用率采用较稳健的假设而在“费用负荷毛保费”中设置不明显的风险加成和利润加成，从而得出费用毛保费。

毛保费的精算现值 = 纯保费的精算现值 + 附加保费的精算现值　　（2.93）

习题

1. 对编制生命表贡献最大的是（　　）。

A. 约翰·格兰特　　B. 爱德华·哈雷

C. 詹姆斯·多德森　　D. 约翰·德·威特

2. 世界上第一家真正的寿险公司是（　　）。

A. 美国大都会人寿保险公司　　B. 英国公平保险

C. 美国谨慎保险公司　　D. 伦敦谨慎保险公司

3. 每期按照被保险人当期的出险频率计算的保险费，称为（　　）。

A. 趸缴保费　　B. 年缴保费

C. 自然保费　　D. 均衡保费

4. 附加保险费包括（　　）。(多选)

A. 风险加成　　B. 税款支出

C. 保险企业盈利　　D. 营业费用支出

E. 给付保险金支出

5. 什么是利息力？利息力的作用是什么？

6. 什么是确定年金？

7. 简述保费的构成及其决定因素。

答案：1. B　2. B　3. C　4. ABCD

3　人身保险合同

3.1　人身保险合同概述

3.1.1　人身保险合同的概念

根据《中华人民共和国合同法》的定义，合同是平等的自然人、法人、其他组织之间设立、变更、终止民事权利与义务关系的协议。保险合同也称保险契约，是商业保险中投保人或被保险人与保险人约定权利与义务关系的协议，是保险当事人在平等的基础上充分协商，本着真实、自愿和诚实信用的原则订立的，也是保险当事人双方的法律行为。当双方意思表示一致时，保险合同成立；在满足一定条件时，保险合同具有法律效力。保险所体现的经济补偿关系必须通过订立保险合同才能得以实现。人身保险合同则是投保人与保险人约定人身保险权利与义务关系的协议。

3.1.2　人身保险合同的特征

人身保险合同作为投保人与保险人约定保险权利与义务关系的协议，适用《中华人民共和国保险法》（以下简称《保险法》）、《中华人民共和国合同法》等的有关规定。人身保险合同具有以下特点：

（1）人身保险合同是有名合同

有名合同是法律直接赋予某种合同以特定的名称，并以相应的法律制度调整的合同。法律尚未为其确定名称和特定规范的合同是无名合同。一般情况下，只有那些社会经济关系重大、影响深远的合同才会被法律确定其名称和特定的规范。人身保险合同是法律直接赋予名称的合同。同时，又有《保险法》对人身保险合同进行特别的调整。因此，人身保险合同是有名合同。

（2）人身保险合同是要式合同

要式合同是指采用特定形式订立的合同，如必须以书面形式订立的合同就是一种要式合同。根据我国《保险法》规定，我国保险合同应当以“书面协议形式”订立。这种书面形式既可以详细记载双方当事人的权利和义务，有利于合同的履行，同时又对人身保险合同的订立起到证明作用。尽管随着承保技术的进步，国外允许电话投保和电子邮件投保，但最终还要以出具保单作为保险关系成立和有效的证明。究其原因，主要是因为人身保险合同与人身密切相关，具有很大的不确定性，特别是寿险合同的期限往往还很长。为了避免日后发生纠纷和争议，维护公平性、有效性，对人身保险合同做出要式性的规定是非常有必要的。

（3）人身保险合同是附合合同

附合合同又称格式合同，是指合同的条款事先由当事人的一方拟定，另一方只有接受或不接受该条款的选择，而不能就该条款进行修改或变更的合同。人身保险合同的条款事先由保险人拟定，经监管部门审批或报备。投保人往往不熟悉保险业务，很难对保险条款提出异议。投保人购买保险，要么附合保险人的合同，即同意合同条款并购买该合同，要么拒绝购买该保险，一般没有修改合同内容的权利。即使需要变更某项内容，投保人也只能采纳保险人事先准备的附加条款。因此，在附和合同中，保险人较之投保人、被保险人处于明显优势。由于人身保险合同的这种附合性，当合同双方对人身保险合同条款的某些词义理解有分歧时，法院通常会做出有利于被保险人的解释。不过随着保险市场竞争的激烈化，保险客户亦部分地获得了与保险人平等协商人身保险合同内容的权利，因此，固定格式人身保险合同的有关内容在某种条件下亦存在着修改的可能性，个别保险业务甚至可以临时协商、订立无既定格式的人身保险合同。

（4）人身保险合用是有偿合同

有偿合同是指享有权利同时必须承担义务的合同。订立人身保险合同是双方当事人有偿的法律行为。一方要享有合同的权利，就必须对另一方付出一定的代价，这种相互报偿的关系，称为对价。投保人与保险人的对价是相互的。投保人的对价是支付保险费，而保险人的对价是承担给付保险金的责任，但这种对价并不意味着保险人要对投保人付出对等的代价，即一定要给付保险金或赔偿损失。只是当被保险人死亡、伤残、疾病或者达到合同约定的年龄、期限时，保险人才承担给付保险金的责任。这也正是人身保险合同的本质所在。

（5）人身保险合同是双务合同

双务合同是指合同当事人双方相互享有权利，同时也承担义务的合同。人身保险合同的保险人享有收取保险费的权利，同时承担约定事故发生时给付保险金或补偿被保险人实际损失的义务。人身保险合同的投保人承担支付保险费的义务的同时，被保险人或受益人在保险事故发生时依据人身保险合同享有请求保险人赔付保险金的权利。

（6）人身保险合同是最大诚信合同

我国《保险法》明确规定从事保险活动必须遵守最大诚信原则。最大诚信原则是保险的基本原则，每份人身保险合同的订立、履行都应当遵守最大诚信原则。

3.1.3 人身保险合同的形式

我国《保险法》规定，订立保险合同必须采用书面形式。人身保险合同的书面形式主要有投保单、暂保单、保险单、保险凭证、保险批单和其他书面协议形式。

（1）投保单

投保单是投保人向保险人提出保险要求和订立人身保险合同的书面要约。投保单又称“要保书”或“投保申请书”，是保险人出具保险单的依据和前提。投保单一般由保险人事先根据险种需要设计内容格式，投保人投保时依投保单所列的内容逐一填写，保险人再据此核实情况，决定是否承保。投保单一般都会载明保险合同的主要条款，包括：投保人、被保险人以及受益人的姓名、身份证号码、性别、家庭住址、出生年月等基本信息；投保的险种、保险金额、保险期限、缴费方式、缴费期限；开始认领年金年龄、领取方式、领取标准、红利派发形式；保险费和付款方式；告知事项；投保人签名及申请时间；等等。投保单是人身保险合同的重要组成部分，如果投保单上有记载，而保险单上有遗漏，其效力与记载在保险单上相同。投保单一经保险人签章承保，合同即成立。

（2）暂保单

暂保单是在出立正式保险单或保险凭证之前出具的临时性保险证明。暂保单通常只记载保险单中的被保险人、保险金额、保险险种等重要事项以及保险单以外的特别约定。暂保单经保险人或保险代理人签章后，交付投保人。暂保单在保险单未签发前，与保险单具有同样的法律效力，但其有效期较短，通常以30天为期限，并在正式保险单签发时自动失效。正式保险单签发前，保险人可以终止暂保单，但须提前通知投保人。

（3）保险单

保险单又称保单，是保险人和投保人之间订立人身保险合同的正式书面文件。它包括前述人身保险合同内容中的所有内容，是投保人与保险人履行权利与义务的依据，是最为重要的书面形式。签发保险单不构成保险合同成立的要件，而只是保险人的法定义务。若是在签发保险单前发生了保险事故，人身意外保险人收到款项但未出单，发生保险事故时应予赔偿；而对于其他长期性寿险，就算保险人收到款项，保险责任也要到出单后才开始。

（4）保险凭证

保险凭证也是一种人身保险合同的书面形式。它具有与保险单相同的效力，但在条款的列举上较为简单。只有少数业务使用此类形式。

（5）保险批单

批单是人身保险合同双方就保险单内容进行修改和变更的证明文件，通常用于对已经印制好的保险单的内容进行部分修改，或对已经生效的保险单的某些项目进行变更。批单一经签发，就自动成为人身保险合同的组成部分。批单的法律效力优于保险单，当批单内容与保险单不一致时，以批单内容为准。

3.2 人身保险合同的要素

人身保险合同的要素包括合同的主体、客体和内容三部分。

3.2.1 人身保险合同的主体

按照民法规定，主体是指享有权利与承担义务的人。人身保险合同的主体是指与人身保险合同发生直接、间接关系的人（含法人与自然人），包括当事人、关系人和辅助人。

（1）人身保险合同的当事人

人身保险合同的当事人是指直接参与建立保险法律关系、确定合同的权利与义务的行为人，即参与订立人身保险合同的主体，包括投保人和保险人。

①投保人。投保人又称要保人，是向保险人申请订立人身保险合同，并负有缴付保险费义务的人身保险合同的一方当事人。投保人作为人身保险合同的当事人，要求具备以下条件：

第一，投保人必须具有完全的民事权利能力和行为能力。一般而言，没有法人资格的组织及无行为能力和限制行为能力的自然人均不能成为投保人。《中华人民共和国民法通则》规定，年满 18 周岁的公民具有完全民事行为能力；16 周岁以上不满 18 周岁的公民，以自己的劳动收入为主要生活来源的，视为完全民事行为能力人；不满 18 周岁的未成年人和虽满 18 周岁但不能辨认自己行为的公民，不具有完全行为能力。

第二，投保人须对被保险人具有保险利益。否则，不能申请订立该保险标的的人身保险合同，已订立的合同也视为无效合同。投保人可以为自己的利益投保，亦可为他人的利益投保。投保人为他人的利益投保时，在未经委托的情况下，应征得他人同意或将其订约目的告知保险人，以便保险人查明其是否具有保险利益并决定是否承保。

第三，投保人必须是与保险人订立人身保险合同的人，并按约定缴付保险费。该条件包含两层含义：一是投保人须是以自己的名义与保险人订立人身保险合同的当事人。无论是自然人还是法人，只有与保险人订立人身保险合同后，才能成为投保人。二是投保人须依人身保险合同中的约定支付保险费。

②保险人。根据人身保险合同，保险人拥有向投保人收取保险费的权利；当保险事故发生或者约定的保险期限届满时，保险人有履行赔偿责任或者给付保险金的义务。保险人要求具备下列条件：

第一，保险人要具备法定资格。保险人常以各种经营组织形态出现。因保险经营的特殊性，各国法律都对保险人从业的法律资格做出了专门规定。大多数国家规定只有符合国家规定的条件并经政府批准的法人方可经营保险，成为保险人，并在执照规定的范围内经营保险。如果保险人不具有法人资格，其所订立的合同无效。但也有少数特例，如英国劳合社的承保社员，是经国家批准、具有完全民事行为能力、符合一定的资产和信誉要求的自然人来作为保险人经营保险业务的。我国《保险法》规定：保险人必须是依法成立的保险公司，分为国有独资公司和股份有限公司两种形式。

第二，保险公司须以自己的名义订立人身保险合同。作为一方当事人，保险人只有以自己的名义与投保人签订人身保险合同后，才能成为人身保险合同的保险人。

（2）人身保险合同的关系人

人身保险合同的关系人是指与人身保险合同有经济利益关系，而不一定直接参与人身保险合同订立的人。保险关系人包括被保险人、受益人、保单所有人。

①被保险人。被保险人是指其人身受人身保险合同保障，享有保险金请求权的人。被保险人的生命、身体等是人身保险合同的保险标的，是保险事故发生的主体对象。

投保人与被保险人之间的关系有以下两种情形：一是投保人与被保险人是同一人。

二是投保人与被保险人不是同一人，投保人是人身保险合同的当事人，而被保险人是人身保险合同的关系人。当投保人以他人为被保险人投保时，须遵守以下规定：第一，被保险人须是人身保险合同中指定的；第二，须征得被保险人的同意；第三，不得为无民事行为能力的被保险人投保以死亡为给付保险金条件的人身保险（《保险法》规定了例外的情况，即父母为未成年子女投保的人身保险，不受此规定限制，但是死亡给付保险金额总和不得超过金融监督管理部门规定的限额）。

②受益人。受益人又叫保险金受领人，即人身保险合同中约定的，在保险事故发生后享有保险金请求权的人。在财产保险合同中，并没有专门的受益人规定。这是因为财产保险的被保险人通常就是受益人。只有在某些特殊情况下，财产保险合同的当事人才约定由第三者享有优先受领保险赔偿的权利，而第三者一般是被保险人的债权人，并非保险法上的受益人。

在人身保险合同中，受益人是由被保险人或者投保人指定的享有保险金请求权的人，可以是一人，也可以是数人。投保人、被保险人都可以为受益人。受益人与投保人是同一人时，受益人就是合同当事人；否则，受益人是合同关系人。

③保单所有人。保单所有人又称保单持有人，是拥有保单各种权利的人，主要适用于人寿保险合同。拥有人寿保单的保单所有人的权利通常有：变更受益人、领取退保金、领取保单红利、以保单作抵押借款、放弃或出售保单的一项或多项权利于指定的新的所有人。保单所有人是在投保人和保险人订立合同时产生的，可以是一个人，也可以是组织，既可以与受益人是同一人，也可以是投保人等其他任何人。我国的人寿保险合同中没有此概念。通常保单所有人所拥有的权利由投保人、被保险人或受益人单独或分别享有，如分红保单的被保险人可领取保单红利，投保人可要求退保并获得退保金，等等。

（3）人身保险合同的辅助人

人身保险合同的辅助人是指协助人身保险合同的当事人签署人身保险合同或履行人身保险合同，并办理有关保险事项的人，包括保险代理人、保险经纪人和保险公估人。人身保险合同的辅助人为人身保险合同的订立和履行提供服务，对人身保险合同既不享有直接权利，也不承担直接义务，但对人身保险合同的订立起着保险人或保险客户的代理人的作用。由于人身保险合同的辅助人所担任的角色具有中介性质，因此又被称为保险的中介人。

①人身保险代理人。人身保险代理人是指根据保险人的委托，向保险人收取手续费，并在保险人授权的范围内代为办理保险业务的单位或者个人。保险代理人在保险人授权的范围内代理保险业务的行为所产生的法律责任，由保险人承担。

保险代理人包括专业代理人、兼业代理人和个人代理人。专业代理人是指专门从事保险代理业务的单位，其组织形式为合伙企业或有限责任公司。兼业代理人是指受保险人的委托，在从事自身保险业务的同时，指定专人为保险人代办保险业务的单位。个人代理人是指根据保险人的委托，向保险人收取手续费，并在保险人授权的范围内代办保险业务的个人。个人代理人必须持有保险代理从业人员资格证书。

保险代理人与保险人之间必须在代办保险业务以前，根据平等互利和双方自愿的原则签订保险代理合同书，并且必须明确在合同书里面规定授权的范围、代理的地域、实践范围、险种、双方的收费标准以及相关的法律责任。

②人身保险经纪人。人身保险经纪人是指基于投保人的利益，为投保人与保险人订立人身保险合同提供中介服务，并依法收取佣金的单位，其组织形式为有限责任公司或股份有限公司。经营保险经纪业务，必须按照《保险经纪公司管理规定》设立保险经纪公司。因保险经纪公司的过错给投保人、被保险人造成损失的，由保险经纪公司承担赔偿责任。

保险经纪人和保险代理人都是保险合同的辅助人，主要的区别在于：第一，保险经纪人代表的是投保人的利益，而保险代理人代表的是保险人的利益；第二，保险经纪人是以自己的名义进行保险经纪活动，而保险代理人则是以保险人的名义与投保人和被保险人发生关系；第三，保险经纪人的保险经纪业务所产生的法律责任由保险经纪公司承担，而保险代理人在授权范围内进行活动所产生的法律责任由保险人承担，只有在授权范围之外的活动产生的法律责任，才由代理人自己承担。

③人身保险公估人。人身保险公估人是指接受保险当事人的委托，专门从事保险标的的勘验、鉴定、估损、理算等业务，并据此向当事人委托方收取合理费用的机构。公估人在保险市场中承担着专业技术服务功能、保险信息沟通功能和风险管理咨询功能。保险公估人一般受保险公司的委托开展业务，除少数专门受被保险人委托的公估人之外，只对保险人负责，无须对被保险人负责。其出具的公估报告书一般作为理赔的参考依据，本身不具有法律权威。

保险公估人因为职业疏忽而导致委托人遭受损失时，公估人要承担法律赔偿责任。因此，公估人一般会投保职业责任险。

3.2.2 人身保险合同的客体

按照民法的规定，客体是指权利和义务所指向的对象。人身保险合同的客体不是保险标的本身，而是投保人或被保险人对保险标的的保险利益。这主要是因为人身保险合同保障的不是保险标的本身的安全，而是保险标的受损后投保人或被保险人、受益人的经济利益。

所谓保险利益，是指投保人或者被保险人对于投保标的所具有的法律上承认的利益。它体现了投保人或被保险人与保险标的之间存在的利益关系。衡量投保人或者被保险人对保险标的是否具有保险利益的标志，是看投保人或者被保险人是否因为保险标的的损害或丧失而遭受经济上的损失。保险利益是保险合同的客体，是保险合同生效的依据。只有当投保人或者被保险人对保险标的具有保险利益的时候，才能对该标的投保，否则将会引发不良的社会行为和后果。当投保人或者被保险人对同一个保险标的具有不同的保险利益时，可以就不同的保险利益签订不同的保险合同；若在多个保险标的上具有相同的保险利益的时候，也可以就不同的保险标的进行投保。

但是，保险利益不是保险合同的利益。保险利益体现的是技保人或被保险人与保险标的之间存在的经济利益关系。该关系在保险合同签订之前就已经客观存在或者已有了存在的条件。投保人与保险人签订保险合同的目的在于保障这一利益的安全。保险合同的利益是指保险合同生效以后所取得的利益，是保险权益，如受益人在保险事故发生以后所取得的保险金。保险权益在一定的条件下可以由权利人自由转让，如寿险合同的投保人和被保险人经保险人批准后，可以自由变更受益人。

保险利益的成立必须满足下列条件：

①保险利益必须是合法的权益，被法律认可，受到法律保护；

②保险利益必须是客观存在的、确定的利益；

③保险利益必须是经济利益，可以通过货币计量。

3.2.3 人身保险合同的内容

人身保险合同的内容通常由保险人与投保人依法约定，以条文形式表现。所以，人身保险合同的内容也就是人身保险合同的条款。

（1）人身保险合同条款及其特征

人身保险合同的条款是记载人身保险合同内容的条文，是人身保险合同双方当事人享受权利与承担义务的主要依据。人身保险合同的条款具有以下特征：

①人身保险合同的条款由保险人事先拟定。人身保险合同为附合性合同，通常由保险人事先拟定。这一方面是因为保险发展的需要；另一方面是由于保险业务的特殊性。随着保险事业的发展，保险业务不断扩大，保险人为了便于开展业务而事先拟定人身保险合同条款，以备投保人索取。保险业务的专业化，也需要保险人的事先拟定，以便于有关部门的监管，有利于投保人权利的保护。

②人身保险合同条款通常规定各险种的基本事项。由于人身保险合同条款大多由保险人事先拟定，故人身保险合同条款通常只是有关险种的基本条款。对于某一人身保险合同，若投保人有特殊要求，须与保险人协商，在原合同的基础上订立特殊条款，或在基本条款的基础上增加附加条款，扩大保障范围。

（2）人身保险合同条款的类型

《保险法》规定，保险合同条款分为基本条款和特约条款。

①基本条款。人身保险合同的基本条款又被称为法定条款，是根据法律规定，由保险人制定的必须具备的条款。基本条款一般直接印在保险单证上，相对特约条款而言，不能随投保人的意愿而变更。《保险法》第十八条规定，基本条款包括：保险人的名称和住所；投保人、被保险人的姓名或者名称、住所，以及人身保险的受益人的姓名或者名称、住所；保险标的；保险责任和责任免除；保险期间和保险责任开始时间；保险金额；保险费以及支付办法；保险金赔偿或者给付办法；违约责任和争议处理；订立合同的年、月、日。

②特约条款。特约条款是指在基本条款以外，由投保人与保险人根据实际需要而协商约定的其他权利与义务。特约条款，有广义与狭义之分。广义的特约条款包括保证条款、附加条款两种类型；狭义的特约条款仅指保证条款。

保证条款。保证条款是指投保人、被保险人就特定事项担保某种行为或事实的真实性的条款。该类条款由于其内容具有保证性质而得名。

附加条款。附加条款是当事人在合同的基本条款的基础上约定的补充条款。它增加或限制双方的权利与义务，是对基本条款的修改或变更，效力优于基本条款。通常采取在保险单上加批注或批单的方式使之成为合同的一部分。

（3）人身保险合同的基本内容

各类人身保险合同的内容，根据险种的不同而不尽相同，但大多包括以下四个部分：主体、客体、权利与义务以及其他声明事项。

①主体部分。人身保险合同的主体部分主要包括保险人、投保人、被保险人、受益人的名称及其住所，对于有多个受益人的，需标出受益顺序及份额。主体部分内容是人身保险合同的基本条款，其法律意义在于：明确人身保险合同的当事人、关系人，确定合同权利与义务的享有者和承担者；明确人身保险合同的履行地点，并确定合同纠纷的诉讼管辖。

②客体部分。人身保险合同的客体部分即在合同中明确保险利益的部分。保险标的是保险的对象，是保险利益的载体。确定保险标的的条款是人身保险合同的基本条款。对保险标的的明确，有利于确定人身保险合同的种类，明确保险人承担责任的范围，判断投保人是否具有保险利益，确定保险价值及赔偿数额。在人身保险合同中应详细记录被保险人的健康状况、性别、年龄、职业、居住地及其与投保人之间的亲属或利益关系等，这些都是确定其危险程度和保险利益的重要依据。

③权利与义务部分。这部分通常包括保险责任、除外责任、保险费及其支付方式、保险金赔偿或给付方式、保险期限和保险责任开始时间等。

保险责任。保险责任是指保险合同约定的保险事故发生后，保险人所应承担的保险金赔付责任。

除外责任。除外责任又叫责任免除，是指在合同中列明的保险人不予承担的保险赔偿与保险金给付责任。它是对保险责任的限制。除外责任的明示，进一步明确了保险责任的范围。由此可见，保险公司应承担的保险责任范围是由保险责任和责任免除两部分的内容来共同确定的。

保险费及其支付方式。保险费是投保人为取得保险保障而需按合同约定向保险人支付的费用。保险费的支付方式多种多样，依据合同种类的不同而不同。有趸缴、分期交付、一次交付分期结算、分期结算等多种方式。在人身保险合同中，投保人保险费的支付是合同生效的条件。在合同中规定该内容在于明确投保人所承担的基本义务和履行义务的方式及期限。

保险金赔偿或给付方式。该内容的约定有利于明确保险人义务履行的方式。在补偿性人身保险合同中，保险金的赔付按规定的方式计算赔偿金额。在给付性人身保险合同中，保险金额按约定保险金额给付。

保险期限和保险责任开始时间。这是指保险人为被保险人提供保险保障的起止期间。在此期间内合同有效，保险人承担保险责任。保险期限长短依据合同种类及投保人需求的不同而不同，长的可达几十年，短的可以按分钟计算。保险责任的开始时间，由合同双方约定，通常以年、月、日、时在合同中标示。我国的保险实务是以开始承担保险责任之日的零时为具体开始时间的，即“零时起保”。

④其他声明事项。在人身保险合同中，还有一些需要声明的事项，如合同订立的

准确时间、投保人是否曾有被拒保及是否得到过赔款等保险记录等。此外，人身保险合同中还有合同失效、失权、追偿配合、争议及处理、解除、退费等约定。

3.3 人身保险合同的常见条款

3.3.1 有关保险人责任的常见条款

（1）不可抗辩条款

不可抗辩条款又称不可争辩条款，其内容是：在被保险人生存期间，从人身保险合同订立之日起满2年后，除非投保人停止缴纳续期保险费，保险人将不得以投保人在投保时的误告、漏告和隐瞒事实等为由，主张合同无效或拒绝给付保险金。合同订立的前两年为可抗辩期。

在我国目前的人身保险合同中，一般不列入不可争辩条款，但在《保险法》条文中有这种思想的体现，因而在工作实践中一般按不可争辩条款的原则掌握。《保险法》第三十二条规定："投保人申报的被保险人年龄不真实，并且其真实年龄不符合合同约定的年龄限制的，保险人可以解除合同，并按照合同约定退还保险单的现金价值。"

（2）年龄误告条款

《保险法》第三十二条规定："投保人申报的被保险人年龄不真实，致使投保人支付的保险费少于应付保险费的，保险人有权更正并要求投保人补交保险费，或者在给付保险金时按照实付保险费与应付保险费的比例支付。投保人申报的被保险人年龄不真实，致使投保人支付保险费多于应付保险费的，保险人应当将多收的保险费退还投保人。"如果实际年龄已超过可以承保的年龄限度，保险合同无效，保险人应将已收保险费无息退还，但需要在可争辩期间之内完成。

（3）自杀条款

自杀条款是包括死亡给付责任的寿险合同中列示的保险人的免责条款。《保险法》第四十四条规定："以被保险人死亡为给付保险金条件的合同，自合同成立或者合同效力恢复之日起二年内，被保险人自杀的，保险人不承担给付保险金的责任，但被保险人自杀时为无民事行为能力人的除外。"

（4）保费自动垫缴条款

该条款通常规定，投保人按期缴纳保费满一定时期以后，因故未能在宽限期内缴付保险费时，保险人可以把保单的现金价值作为借款，自动垫缴投保人所欠保费，使保单继续有效。其前提是，保单具有的现金价值足够缴付所欠保费，而且投保人没有反对的声明。如果第一次垫缴后，再次出现保费未在规定期间缴付的情况，垫缴继续进行，直至累计的贷款本息达到保单的现金价值为止。此后，若投保人仍不缴纳保费，保单将失效。在垫付保险费期间发生保险事故时，保险人给付保险金时应从中扣除保险费的本息。

(5) 战争除外条款

战争除外条款规定将战争和军事行动作为人身保险的除外责任。该条款是保险人的免责条款。

3.3.2 有关保单持有人权益的常见条款

(1) 所有权条款

所有权条款规定了保单的所有权归属、保单所有人的权利等。保单所有人拥有的权利通常有：变更受益人；领取退保金；领取保单红利；以保单作为抵押进行借款；在保单现金价值的一定限额内申请贷款；放弃或出售保单的一项或多项权利；指定新的所有人等。

(2) 宽限期条款

在人身保险中，宽限期一般为30天或60天，自应缴纳保险费之日起计算。宽限期条款是分期缴费的寿险合同中关于在宽限期内保险合同不因投保人延迟缴费而失效的规定。其基本内容是：当投保人未按时缴纳第二期及以后各期的保费时，给投保人30天或60天的宽限期限。在此期间，保险合同仍然有效，如发生保险事故，保险人照常给付保险金，但要从保险金中扣除所欠的保险费。

(3) 复效条款

这一条款允许投保人在寿险合同因逾期缴费失效后2年内向保险人申请复效，经保险人审查同意，投保人补缴失效期间的保险费及利息，保险合同即恢复效力。保险合同复效后，对于失效期间发生的保险事故，保险人不予负责。

(4) 保单贷款条款

保单贷款条款允许投保人在寿险合同生效1年或2年后，以保单为抵押向保险人申请贷款，金额以低于该保单项下积累的责任准备金或退保金（也称保单的现金价值）为限，投保人应按期归还贷款本息。如果此前发生了保险事故或退保，保险人从保险金或退保金中扣还贷款本息。当贷款本息达到责任准备金或退保金数额时，保险合同即告终止。贷款条款多见于生死合险或终身寿险合同中。

(5) 保单转让条款

一般认为，只要不是出于不道德或非法的考虑，在不侵犯受益人的权利的情况下，保单可以转让。对于不可变更的受益人，未经受益人同意保单不能转让。通常情况下，将保单所有权完全转让给一个新的所有人的转让方式称为绝对转让。绝对转让时要求被保险人必须生存健在。在绝对转让状态下，如果被保险人死亡，全部保险金将给付受让人而不是原受益人。抵押转让是另一种转让类型，是把一份具有现金价值的保单作为被保险人的信用担保或贷款的抵押品，受让人得到保单的部分权利。在抵押转让状态下，如果被保险人死亡，受让人得到的是已转让权益的那部分保险金，其余的仍然归受益人所有。在转让保单时，保单所有人应书面通知保险人，由保险人加注或加批单生效。

(6) 受益人条款

受益人条款一般包括两方面的内容：一是明确规定受益人；二是明确规定受益人

是否可以更换。

投保人或被保险人在订立合同时约定的受益人为原始受益人，当被保险人死亡时，其有权领取保险金。当原始受益人先于被保险人死亡，投保人或被保险人再次确定的受益人为后继受益人。若投保人或被保险人没有指定受益人，或者受益人先于被保险人死亡而无其他受益人的，或者受益人依法丧失受益权或者放弃受益权而无其他受益人的，当被保险人死亡后，保险金一般将作为遗产，由保险人向被保险人的继承人履行给付保险金的义务。

除指定受益人外，保单所有人或被保险人有变更受益人的权利。若变更受益人需征得受益人的同意，该受益人为不可变更受益人；若无须征求受益人同意便可变更受益人的，则该受益人为可变更受益人。

（7）共同灾难条款

共同灾难条款是为确定在发生被保险人与受益人同时遇难事件时保险金的归属问题的条款。该条款规定，只要第一受益人与被保险人同时死于一次事故中，如果不能证明谁先死，则推定第一受益人先死。由此，若合同中有第二受益人，保险金由第二受益人领取；若无其他受益人，则保险金作为被保险人的遗产处理。

3.3.3 有关保单选择权的常见条款

美国、日本等国家的寿险保单大多提供各种选择条款，以满足投保人的不同需要。解约退保时有不丧失价值选择权（Non-Forfeiture Options）；领取红利时有红利选择权（Dividend Options）；受领保险金时有保险金给付选择权（Settlement Options）。这些在寿险理论中合称保单选择权（Policy Options）。

（1）不丧失价值选择权条款

不丧失价值选择权条款又称不没收条款，是指当投保人无力或不愿意继续缴纳保费维持合同效力时，由其选择如何处理保单项下积存的责任准备金。责任保险金可以作为退保金以现金返还，也可以作为趸缴保险费将原保险单改为缴清保险单或展期保险单。显然，这一条款也只适用于分期缴费的保单。

（2）红利选择权条款

在分红保险中，其所涉及的红利有两种。当寿险经营有盈余时，此项盈余归投保人与股东们共同分享。作为公司出资人的股东有权获得分红，这部分红利称为股东红利，而分给投保人的那部分红利通常称作保单红利。这里的红利选择权指的是保单红利部分。一般红利选择权的内容有如下几种方式：领取现款；以红利额作为抵免费用以调整下一期的保险费；存在保险公司，以公司的保证利率累积生息；作为趸缴保费购买增额缴清保险，使得保险金额年年递增，同时也提高保单的现金价值；获得一年定期保险选择权，并可以在以红利的一部分行使此权利后，余下部分做其他选择。

（3）保险金给付选择权条款

给付选择方法除一次性领取现款外还包括以下几种方式：利息选择，即受益人将保险金存于保险公司，定期获得保证利率利息，也可以随时提取本金；固定期间选择，即由受益人选定期间，以分期支付的方式给付；固定金额选择，即按受益人确定的某一金额给付，直至本息用尽为止；终身年金选择，即于受益人的预测终身期间按期支付年金，这种给付方式与受益人的死亡率等因素有密切关系。此外，还有许多其他的方便受益人的选择方式。

3.4　人身保险合同的订立与履行

3.4.1　人身保险合同的订立

人身保险合同的订立是投保人与保险人之间基于意思表示一致而进行的法律行为。《保险法》规定，投保人提出保险要求，经保险人同意承保并就合同的条款达成协议，人身保险合同即成立。因此，人身保险合同的成立，经过投保人提出保险要求和保险人同意承保两个阶段。这就是人身保险合同的要约和承诺两个程序。

（1）人身保险合同的订立程序

①要约。要约又称“订约提议”，是一方当事人向另一方当事人提出订立合同建议的法律行为，是签订人身保险合同的一个重要程序。提出要约的人称为要约人。一个有效的要约应具备合同主要内容、明确表示订约愿望、在其有效期内对要约人具有约束力三个条件。

②承诺。承诺又称“接受订约提议”，是承诺人向要约人表示同意与其缔结合同的意思表示。做出承诺的人称为承诺人或受约人。承诺满足下列条件时有效：一是承诺不能附带任何条件，是无条件的；二是承诺须由受约人本人或其合法代理人做出；三是承诺须在要约的有效期内做出。

（2）人身保险合同的成立与生效

人身保险合同的成立是指投保人与保险人就人身保险合同条款达成协议，即经过要约人的要约和被要约人的承诺，即告成立。人身保险合同的生效是指人身保险合同对当事人双方产生约束力，即合同条款产生法律效力。一般而言，保险合同生效，就意味着保险人开始按照保险合同的规定承担保险责任。在一般情况下，投保人缴付保险费后，已订立的人身保险合同即开始生效。当然，投保人与保险人也可在人身保险合同中约定，人身保险合同一经成立就发生法律效力。此时，人身保险合同成立即生效。

3.4.2　人身保险合同的履行

合同履行是指合同的当事人按照约定全面履行自己的义务。按照一般的定义而言，合同的义务包括给付义务和附随义务。合同履行应该遵守全面履行原则、诚实信用原则、协作履行原则和同时履行原则。

（1）人身保险合同的履行

人身保险合同的履行也就是当事人之间的义务的履行，主要包括投保人义务的履行、保险人义务的履行等。

①投保人义务的履行。投保人在合同的履行过程中，应履行如实告知义务、支付保险费义务、出险通知义务、提供单证义务等。

②保险人义务的履行。保险人在合同履行过程中的义务主要包括承担保险责任，向投保人说明条款，及时签发保险单证，在合同解除或者合同无效时退还保险费或者保险单的现金价值，为投保人等其他人身保险合同的主体保密，等等。

（2）人身保险合同的变更与转让

已订立的合同在履行过程中，可能会由于某些情况的变化而需对其进行补充或修改。人身保险合同的变更就是指在人身保险合同有效期内当事人依法对合同内容所做的修改或补充。人身保险合同内容的变更或修改，均须经保险人审批同意，并出立批单或进行批注。人身保险合同的内容的变更表现为合同条款的修改。变更人身保险合同的结果是在双方当事人之间产生新的权利和义务关系。

①人身保险合同主体的变更。人身保险合同主体的变更大多是由保险标的的权利发生转移而引起的，因而，合同主体的变更实际是合同的转让。人身保险合同的转让不改变合同的权利和义务以及合同的客体。

在人身保险合同中，作为保险人的一方是不允许变更的。投保人只能选择退保来变更保险人。而其他的合同主体如被保险人、投保人的变更，经保险人同意是允许的。

②人身保险合同客体的变更。人身保险合同客体的变更主要是指保险标的的种类、数量的变化而导致保险标的的价值发生增减变化，引起保险利益变化，从而需要变更客体以获得足够的保险保障。人身保险合同客体的变更，也需经保险人同意加批后才能生效。

③人身保险合同内容的变更。保险主体不变时，保险合同内容的变更，主要是指主体权利和义务的变更，即合同条款的变更，如被保险人的地址的变化，保险标的的数量、品种、价值、存放地点的变化，保险期限、保险金额的变更，保险责任范围的变化，等等。

人身保险合同中任何一方当事人都有变更合同内容的权利，同时也有与对方共同协商的义务。因此，需要变更合同内容时，投保人先要提出变更申请，并经保险人审批同意、签发批单或对原保险单进行批注，这样，变更才产生法律效力。在人身保险合同中，被保险人职业、保险金额发生变化等都可认为是人身保险合同内容的变更。保险责任的变更，通常是通过增加寿险附加险来进行的。

④人身保险合同变更的程序。人身保险合同的内容变更通常要求经过下列主要程序：首先，由投保人向保险人提出变更申请，告知有关人身保险合同变更的情况。其次，保险人对变更申请进行审核，若需增加保险费，则投保人应按规定补交；若需减少保险费，则投保人可向保险人提出要求。无论保险费是增加、减少还是不变，均要求当事人取得一致意见。最后，保险人若同意变更，则签发批单或附加条款；若拒绝变更，保险人也需通知投保人。

（3）人身保险合同的中止与复效

人身保险合同的中止，是指在人身保险合同存续期间内，由于某种原因而使人身保险合同的效力处于暂时停止的状态。对于在合同中止期间发生的保险事故，保险人不承担赔付责任。

人身保险合同的中止，在人寿保险中最为突出。人寿保险的责任起讫期限较长，由数年至数十年不等，故其保险费的缴付大部分不是趸缴，而是分期缴纳。如果投保人在约定的保费缴付时间内没有按时缴付保险费，且在宽限期内仍未缴纳的，人身保险合同中止。根据有关规定，被中止的人身保险合同可以在合同中止后的 2 年内申请复效，同时应补交保险费及其利息。复效后的合同与原人身保险合同具有同样的效力，可继续履行。被中止的人身保险合同也可能因投保人不再申请复效，或保险人不能接受已发生变化的保险标的，如被保险人在合同中止期间患有保险人不能承保的疾病而不再有效。

（4）人身保险合同的终止

人身保险合同的终止是指在保险期限内，某种法定或约定事由的出现，致使人身保险合同当事人双方的权利与义务关系的消灭。

人身保险合同终止的原因可分为两类：自然终止与提前终止。自然终止是指发生下列情形时，无需当事人行使终止权的意思表示，人身保险合同的效力自然归于终止：①保险期限届满；②人身保险合同履行完毕；③人身保险合同中被保险人死亡。

提前终止是由于当事人的意思表示而使合同效力终止，即合同的解除。合同的解除分为法定解除和协议解除。协议解除是指双方当事人通过协商达成一致，在不损害国家、公共利益时终止合同的行为。法定解除是指按法律规定可以进行的合同解除。在下列情形中，保险人可解除合同：①投保人因未能如期缴纳保险费而被中止合同，在随后的 2 年内不申请复效的。②危险增加时投保人或被保险人未履行危险增加通知义务。③投保人未履行维护标的安全的义务。④投保人未能履行如实告知义务，足以影响保险人决定是否承保或以何种价格承保的。⑤投保人或被保险人、受益人谎称发生保险事故或故意制造保险事故。

习题

1. 人身保险合同中，由被保险人或投保人指定的享有保险金请求权的人是（　　）。

A. 受益人　　B. 保险经纪人

C. 保险人　　D. 被保险人

2. 以死亡为给付条件的合同，须经（　　）书面同意，否则合同无效。

A. 投保人　　B. 受益人

C. 被保险人　　D. 保险当事人

3. 甲为自己投保一份人寿保险，指定其妻为受益人。甲有一子 4 岁，甲母 50 岁且自己单独生活。某日，甲因交通事故身亡，保险金应（　　）。

A. 作为遗产由甲妻、甲子、甲母共同继承

B. 作为遗产由甲妻继承

C. 作为遗产由甲妻、甲子继承

D. 支付给甲妻

4. 丈夫为妻子投保一份死亡保险，5 年后离婚，则离婚后保险合同的效力是（　　）。

A. 立即失效　　B. 自动解除

C. 继续有效　　D. 中止效力

5.（　　）条款规定，在保单生效一定时期（通常是 2 年）后，保险人不能以投保人在投保时违反最大诚信原则等为理由，否定保单的有效性。

A. 不可抗辩　　B. 年龄误告

C. 不丧失价值选择权　　D. 复效

6. 复效条款只适用于因投保人欠缴保费而引起的（　　）保单。

A. 终止　　B. 中止

C. 解除　　D. 解约

7. 简述不可抗辩条款和年龄误告条款的内容。

8. 简述复效条款和不丧失价值选择权条款的内容。

9. 简述保单贷款条款和保单转让条款的内容。

10. 发生人身保险合同纠纷时应如何处理？

答案：1. A　2. C　3. D　4. C　5. A　6. B

4 人寿保险

4.1 人寿保险概述

4.1.1 人寿保险的概念

人寿保险（Life Insurance），简称寿险，是以被保险人的生命作为保险标的，以被保险人的生存或死亡作为保险事故，且在保险期内发生保险事故时，保险人依照保险合同给付一定保险金额的一种人身保险形式。人寿保险是人身保险中最基本、最主要的组成部分，被保险人在保险期内死亡或期满生存，都可以作为保险事故，即当被保险人在保险期内死亡或达到保险合同约定的年龄、期限时，保险人按照保险合同约定给付死亡保险金或期满生存保险金。

4.1.2 人寿保险的特征

人寿保险是人身保险业务中的重要组成部分，具备人身保险的一般特征，如保险标的的风险不可估价、保险金额的定额给付、保险利益只是合同订立的前提而非效力条件等。与此同时，它还具有许多自身的特点。

（1）生命风险相对稳定

人寿保险所面对的人身危险是人的生存或死亡。虽然“人终究是要死的”，但是死亡何时发生、生命可以延续多久却具有很大的不确定性。通过长期的保险实践，运用科学的数学、统计学方法，我们发现，人寿保险所承担的风险与被保险人的年龄密切相关，每一年龄都有着较稳定的死亡概率，并且这种死亡概率随着年龄的增长显现出规律性的变化。与其他保险相比，人寿保险在风险处理方面，尤其是在预测保险事故发生的可能性上更加准确，因为根据生命表预计人的寿命长短和死亡率的大小与人们的实际寿命长短及死亡发生概率非常接近。这不仅表明人寿保险所承保的危险事故的发生相当稳定，而且也决定了人寿保险业务经营的稳定性。

（2）以长期性业务为主体

与人身意外伤害保险等不同，人寿保险的保险期限一般较长，保险期限在 5 年以下的人寿保险险种较少，大多数险种的保险期限为十几年甚至几十年。

人寿保险期限较长的原因在于：①“均衡保险费”方法的采用。②大多数生存保险是被保险人用于年老时养老之用的。被保险人在身体健康、符合投保条件时投保较长期限的人寿保险，就能够获得较为稳定的人寿保险的保障。

也正因为人寿保险单大多是长期保险合同，所以无论对被保险人还是对保险人而言，利率、通货膨胀率等经济因素的影响都是十分显著的。

(3) 具有储蓄的性质

储蓄具有返还性和收益性，表现在存款人经过一段时间以后，可以收回存款本金，同时还可以获得对这段时间放弃资金使用权的补偿——利息收入。人寿保险制度也有着与储蓄相类似的利息返还的情形。

人寿保险根据实际需要大多采用“均衡保险费”的方法收取保险费。在投保初期，实缴保险费势必高于根据生命表等计算得到的危险保险费，超出的部分由保险人代为保管，通过对保险基金的投资运作生息增值，用于以后危险发生时的保险金给付或直接弥补投保后期均衡保险费的不足，这部分保险费称为储蓄保险费。保险人一般都将储蓄保险费和利息、分红提存起来形成责任准备金。

此外，对于人寿保险业务，无论被保险人生存至保险期满，还是在保险期内死亡，保险人都要给付保险金。这一点以两全保险最为突出，因为在这里，生存与死亡都被视作保险事故的发生，所以对于两全保险而言，保险事故是注定要发生的，因而资金返还投保人也是注定的。

(4) 保险费确定的方式

人寿保险由于其所承保危险的特殊性，形成了保险费的计算和责任准备金确定上的一整套科学的、完备的体系。人寿保险依据被保险人投保期间生存与死亡的概率，结合其在签订合同时的年龄、经济状况、健康状况等基本要素，以及投保期限、保证利率等多种因素，经过经验的测算以及数学、统计学方法的运用，来确定保险费及责任准备金。这种确定方式有着比较科学的计算过程和可靠的统计资料，又有多年保险实践的经验，因而科学的成分更大，预测的准确性也比较高。但是，由于计算系统比较复杂，对寿险精算的专业技能要求较高，从而对人寿保险的从业人员素质有新的要求。

4.2 传统人寿保险

4.2.1 死亡保险

(1) 定期死亡保险

定期死亡保险是在合同约定期限内被保险人发生死亡事故，由保险人一次性给付保险金的一种人寿保险，也称定期寿险。如果被保险人在保险期间未发生死亡事故，则到期合同终止，保险人不给付保险金。

定期寿险通常具有以下特点：

①保险期限一定。其保险期限可以为 5 年、10 年、15 年、20 年或 25 年不等。有的以达到特定年龄（如 65 岁、70 岁）为保险期满，也有的应保户要求而提供短于 1 年的定期保险。

②保险费不退还。如果保险期满，被保险人仍生存，则保险人不承担给付责任，同时不退还投保人已缴纳的保险费。因为生存者在保险期内所支付的保险费及保险费所产生的投资收入已作为死亡保险金的一部分，由保险公司支付给了死亡者的受益人。

③名义保险费一般比较低廉。在相同保险金额、相同投保条件下其保险费低于任何一种人寿保险。这是定期寿险的最大优点。因为死亡保险提供的完全是危险保障，1年定期保险的纯保费就是根据被保险人死亡概率计算而来的危险保险费，没有储蓄的性质。如被保险人生存，则其缴纳的保费及其利息可以用于分摊死亡者的保险金。

④定期寿险的低价和高保障，易产生逆向选择和道德风险。

（2）终身死亡保险

终身死亡保险是一种不定期的死亡保险，简称终身寿险，是被保险人在投保之后无论何时死亡，保险人均依照合同给付保险金的一种保险。

终身寿险有以下的特点：一是该险种没有确定的保险期限，自保险合同生效之日起至被保险人死亡为止，无论被保险人何时死亡，保险人均须按照合同约定给付死亡保险金。二是几乎所有的终身寿险都基于生命表所假设的100岁为人的生命极限，因此，保险费的计算也按照最高年龄100岁来确定，即终身寿险相当于保险期限截至被保险人100周岁的定期寿险。当被保险人生存至100岁时，从保险人的角度看相当于定期寿险到期，被保险人被视为死亡，保险人给付全部保险金。三是终身寿险的保险费中含有储蓄成分，保单生效一定时期后具有现金价值，若保单持有人中途退保可获得一定数额的退保金。

根据终身寿险缴费方式的不同，可将其分为普通终身寿险和特种终身寿险。

①普通终身寿险。普通终身寿险，又称终身缴费的终身寿险（Continuous Premium Whole Life），其特点是：

第一，投保人终身缴纳保险费，即缴费期等于保险期。

第二，以低廉的保险费获取较高的保障。

②特种终身寿险。特种终身寿险也称限期缴费的终身寿险，按缴费的不同方式可以划分为趸缴终身寿险和限期缴费终身寿险。

趸缴终身寿险（Single Premium Whole Life）即投保时一次性缴清全部保险费。一次性缴纳终身保险费，可以避免停缴保费保单失效的情况发生。但是，因为一次性缴纳的金额较大，所以选择此缴费方式的人较少。

限期缴费终身寿险（Limited Payment Whole Life），即限定缴费期限为5年、10年，或是直至60岁、65岁。在同一保险金额下，缴费期限越长，投保人每期应缴的保险费就越少；反之，投保人每期应缴保险费就越多。

显而易见，普通终身寿险可以提供最大的死亡保障，对那些需要长期保障的人最为适合，但这种寿险保单的现金、价值较其他险种低，而且要求一直连续缴费，对于临时丧失缴费能力的人而言是一个不足。限期缴费终身寿险适合那些需要长期死亡保障，但有保证的收入只集中于某个期间之内的投保人，对于那些只需要死亡保障而不需要储蓄的人而言不是最佳选择。趸缴终身寿险对偏重储蓄的人吸引力较大，在一些国家购买趸缴终身寿险还可以抵消遗产税。

此外，终身寿险还包括保险费不确定的终身寿险和利率敏感型终身寿险。

保险费不确定的终身寿险是部分保险人为与分红终身寿险竞争而设立的非分红形式的险种。保险人设定投保人缴纳保费的上限，根据保险人的业务经营状况调整投保人缴纳的保费。

利率敏感型终身寿险通过对当前的投资收益和死亡率状况的分析，调整投保人需缴纳的保险费或死亡给付金额或保单的现金价值来体现利率的变化。若保险费调整后低于前期保费，投保人可以有如下选择：一是按新的标准支付保险费，保险金额不变；二是按原有标准支付保险费，保险金额不变，保费差额存入累积基金，增大保单的现金价值；三是按原有的标准支付保险费，若被保险人仍具有可保性，保险费差额用于增加保险金额。若保险费调整后高于前期保险费，投保人可选择下列方式之一：按新标准支付，保额不变；按旧标准支付，保额降低；按旧标准支付，保额不变，用保单的现金价值弥补保险费差额。

4.2.2 生存保险

生存保险，是以被保险人在保险期满或达到某一年龄时仍然生存为给付条件，并一次性给付保险金的保险。只要被保险人生存到约定的时间，保险人就给付保险金。若在此期间被保险人死亡，则被保险人不能得到保险金，且所缴保费不予退还。

生存保险的特点主要有：

①保险期间内被保险人死亡视为未发生保险事故，保险人不负保险责任，也不退回已缴纳的保险费。因此，保险公司依照合同给付生存者的保险金，不仅包括其本人所缴纳的保费及其衍生利息，而且包括保险期内死亡者所缴纳的保险费及衍生利息。

②投保人投保生存保险的主要目的，是在一定时间之后被保险人可以领取一笔保险金，以满足生活等方面的需要。例如，为年幼的子女投保子女教育保险，可以使其在读大学时有一笔教育基金。

③生存保险是为保障被保险人今后的生活或工作有一笔基金，以满足未来消费开支，类似于一种储蓄。

4.2.3 两全保险

（1）两全保险的概念及其特点

两全保险就是我们常说的生死合险或是储蓄寿险、养老保险，是指无论被保险人在保险期内死亡还是生存至保险期满，都能获得保险人的保险金给付的保险。它是死亡保险与生存保险的结合，既为被保险人提供死亡保障，又提供生存保障。被保险人在保险有效期内死亡时，保险人给付受益人约定数额的死亡保险金；若被保险人生存至保险期满，则被保险人得到约定数额的生存保险金。因此，两全保险具有下列特点：

①被保险人无论是生还是死都可以得到保险人的给付。两全保险是死亡保险和生存保险的结合。

②两全保险的每张保单的保险金给付都是必然的，故而其保险费率较高。

③两全保险具有储蓄性质。无论被保险人是生存还是死亡，保险人都要支付保险

金，因此两全保险具有储蓄性质。其保单具有现金价值，保单所有人享有各种其保单的现金价值带来的权益。

两全保险的保险期限可以设定为一定年限，如5年、10年、20年等，也可以约定被保险人达到某一年龄时为限，如60岁、70岁等。

（2）两全保险的业务种类

两全保险主要有以下业务种类：

①普通两全保险。此类保险的死亡保险金与生存保险金是相同的，即无论被保险人在保险期内是生存还是死亡，都会得到相同数额的保险金。

②养老附加两全保险。它是为被保险人家人考虑的。被保险人如果生存至保险期满，能得到约定数额的保险金；被保险人如果在保险期内死亡，则将得到约定数额的几倍至几十倍的保险金。这使得被保险人死后，其家属仍能获得必要的生存费用。

③联合两全保险。它是由几个人共同投保的两全保险。在保险期内，如果被保险人中的任何一人死亡，其余人将得到全部保险金，保单终止；如果无任何人死亡，则在保险期满时，由全体被保险人共同领取保险金。这种保险多适用于夫妻投保。

4.2.4 寿险附加险

附加险又被称为附加特约，在人身保险合同中以附加条款形式出现。人寿保险单经常通过附加条款的形式扩展其对被保险人的保险保障范围。保单附加条款使被保险人无须签订新的合同就可得到附加的多重保障。因此，这些附加条款能够使被保险人或保单所有人得到更多的利益。

（1）保证可保性附加特约

保证可保性附加特约又称保证加保选择权附加特约，即保单所有人或投保人无须提供新的可保性证明，就可以在规定时间内重新购买一份一定保额的与原来相同保险责任的保险。该特约保证了被保险人具有可保性，而无论事实上是否真的具有可保性。

通常，该附加特约规定保单所有人或投保人购买的保险要受一定的限制，如在规定的期限内可购买的保险保额有约定限制、购买时要求有约定事件的发生、对被保险人的年龄有限制等。在实际购买时，保单所有人必须主动购买，否则保单附加特约所规定的权利将会过期失效。

（2）免缴保险费附加特约

免缴保险费附加特约通常规定，如果被保险人在规定的年龄之前，因遭受意外伤害或疾病而完全丧失工作能力，则投保人可以在此缴费期间免缴所有保险费，而保单继续有效。投保人只需在每次缴费时增加一点保险费，就可以获得在被保险人丧失工作能力后的保险费免缴优惠。通常，此类附加特约可以附加在任何寿险保单上，但保险费的免缴须视具体的条款而定，如有些附加特约规定该条款只在遭受意外伤害时适用，或只获得免缴主险保险费的优惠等。

（3）丧失工作能力收入补偿附加特约

该附加特约简称收入补偿附加，是指被保险人如果完全丧失工作能力，将获得按期给付的每单位保额下一定金额的收入补偿保险金。该附加特约在履行时通常还有一些严格的约定，如被保险人必须在某确定的年龄之前完全丧失工作能力，并且有一段较长的等待期等。

（4）意外死亡附加特约

意外死亡附加特约为被保险人由于意外而致死提供额外保障。该部分额外保障通常与主险的保额成比例增长，多数情况下与主险保额相等。因此，它又被称为双倍补偿附加特约或双重保障意外死亡保险。意外死亡附加特约一般都会规定许多除外责任及限制，如通常要求被保险人的死亡原因是直接的、独立于所有其他原因的意外的身体伤害，战争、危险运动、非法活动等引起的死亡往往为除外责任，等等。

（5）配偶及子女保险附加特约

该附加特约通常可附加在终身寿险中，为配偶及子女提供寿险保障。但与主险不同的是，该附加特约往往为定期险，保险金额按基本单位计算，并受到保险公司规定限额的约束。例如，附加的配偶及子女的保额为主险保额的一定比例，如1/4或1/5。在该类附加特约中，主险被保险人死亡，子女可免缴附加保费；配偶死亡，可降低保费或增加保额。

（6）生活费用调整附加特约

该附加特约规定，保单的保险金额可以随着消费价格指数的变化而自动调整。通常情况是，保险人要求在消费价格指数增加一定比例时，保险金额自动增加相同比例，保险费也相应增加相同比例；而消费价格指数降低时，保额不变。

4.3 特种人寿保险

4.3.1 年金保险

（1）年金保险概述

年金保险是指在被保险人生存期间，保险人按照合同约定的金额、方式，在约定的期限内，有规则地、定期地向被保险人给付保险金的保险。年金保险同样是以被保险人的生存为给付条件的人寿保险，但生存保险金的给付通常采取的是按年度周期给付一定金额的方式，因此，生存保险又被称为年金保险。

年金保险具有生存保险的特点。只要被保险人生存，被保险人通过年金保险都能在一定时期内定期领取到一笔保险金，达到养老的目的。因此，年金保险又被称为养老金保险。年金保险的保费有多种缴付方式，但在被保险人领取年金以前，投保人必须缴清所有的保费。其保险金给付周期有年、半年、季度或月等。年金保险较好地解决了老年人的生活问题，各国对年金保险都十分重视。

（2）保险公司在积累期和清偿期的给付责任

年金有积累期和清偿期。积累期为年金资金积累的时期，而清偿期为保险公司向年金受领人给付资金的时间。年金受领人死亡，保险公司的义务则依据死亡是发生在积累期还是清偿期而有所不同。

①积累期的给付责任。在年金的积累期，如果年金购买者死亡，则保险公司有义务退还全部或者部分年金。

②清偿期的给付责任。经过积累期之后，资金累积到了一定额度。到了开始给付年金的年龄时，保险公司要按照合同的规定，每期给付年金。此时，年金的额度和形态都是固定的。

一般而言，终身年金给付可以分为纯终身年金给付和具有退还保费性质的年金给付两种形态。纯终身年金也可以称为普通终身年金，所提供的年金给付一直到年金受领人死亡为止。一旦年金受领人死亡，保险公司一般不把保险费退还给年金受领人的遗产继承人或者受益人。

具有退还保费性质的年金包括确定并继续终身年金、确定分期给付终身年金、分期退费年金和现金退还年金等。确定并继续终身年金是指不管年金受领人生存或者死亡，都能够获得有保证的月给付或者年给付次数。如果受领人生存超过保证期限，则年金的给付将继续到受领人死亡为止。一般保险合同上规定的年限为 5 年、10 年、15 年或者 20 年。保证期限越长，给付的金额就越少。分期退费年金是指年金受领人死亡时，如果已经领取的年金收入总额少于为领取年金所支付的成本，则年金收入仍将继续给付受益人，直到领完为止。现金退还年金是指将年金受领人收入总额与领取年金所支付的成本之间的差额以现金的形式一次性地给付受益人。对于相同的保险费，现金退还年金所提供的给付比分期退费年金少，这是因为对于以现金退费的年金，保险公司丧失了所能够赚取的利息。

4.3.2 简易人寿保险

所谓简易人寿保险，通常是指以劳工或工薪阶层为对象办理的月交、半月交或周交，无体检的低额保险，通常由保险人按时收取保费，一般采取等待期或削减期制度，即被保险人加入保险后，必须经过一定时间之后保单才能生效。如果被保险人在一定期间内死亡，保险人将不负给付责任或者减少给付金额。

4.3.3 团体人寿保险

团体人寿保险是以团体方式投保的定期或终身死亡保险，是团体人身保险的一种重要类型。

团体寿险主要分为两大类：一是团体定期寿险（Group Term Insurance）。该险种是团体寿险中最早、最普遍也是业务量最大的一种团体寿险，无现金价值，目的是提供早期死亡保险，对保障退休员工生活用处不大；二是团体终身寿险（Group Permanent Insurance），是近年发展起来的，目的在于保障退休职工生活。团体终身寿险因产生较晚，所占市场份额并不高。

团体寿险合同是保险公司与投保团体（即保单持有人）之间的契约协定，并非与被保员工之间的契约。团体寿险的保单由投保团体持有，而被保员工则持有保险证（Certificate of Insurance）作为承保证明。保险证列明了每个员工的保险金额、受雇人、雇佣关系终止时被保险人的权利、保单继续或终止条件以及承保范围等。但是，保险证并不是保险契约的一部分，保单持有人也不是保险公司的代理人。保单持有人即投保团体在实务中确有办理员工投保手续、保费的扣缴、新进员工报告、员工离职退休报告和其他变动报告的责任，但都是以“本人”的身份从事上述工作，并不存在保险代理关系。此处所提及的团体寿险的契约条款都是指正式保单所包括的内容，主要有以下内容：

①有关保单持有人责任的条款，包括生效日期及要保书、保单持有人报告书及稽核、保险费及宽限期间、保单的修改或中止、分红及抵扣保险费等。

②有关保险证持有人的条款，包括投保资格及个别保险生效日、团体人寿保险给付的受益人、受益人顺位条款、保险给付交通条款、死亡给付的转让、给付选择权、员工保险的终止、雇佣关系的终止、换约权利等。

③一般给付条款，如不可争辩条款等。实务中团体保单通常是以团体寿险为主，附加团体健康险或团体意外伤害险等的混合保单，因此，团体保单出现如其他健康条款的并不奇怪，不像理论上区分得如此分明。

4.4 创新型人寿保险

创新型人寿保险，又称非传统型寿险、投资型保险、投资理财类保险等，是保险人为适应新的保险需求、增加产品竞争力而开发的一系列新型的保险产品。创新型寿险产品与传统寿险产品的不同之处在于，创新型寿险产品通常具有投资功能，或保费、保额可变。创新型寿险产品主要有分红保险、变额人寿保险、万能人寿保险、变额万能人寿保险等。

4.4.1 分红保险

分红保险又称利益分配保险，是指寿险公司按照相对保守的利率收取较高的保费，在每个会计年度结束后，保险公司将上一会计年度经营中取得的一部分盈利，以现金或增值红利的形式分配给投保人的一种人寿保险。分红保险最初起源于 1776 年的英国，在国外已经有了 200 多年的发展历史，但在国内却是近年才刚刚出现的，因此是我国人身保险的新型产品之一。

分红适应于各种类型的寿险险种，可与定期寿险、终身寿险和两全保险等结合形成多种分红保险，因此在国际寿险市场上占据重要地位。在美国，大约 80% 的寿险保单具有分红性质；在德国，分红保险占该国人寿保险市场的 85%，在我国香港，这一数字更是高达 90%。分红保险的红利主要来源于“三差收益”，即死差益、利差益、费差益，此外还有可能取得解约益和资产增值等收益。分红保险的红利分配基于公平原则，按保单对公司盈余的贡献大小进行分配。

红利分现金红利和增值红利，对现金红利的处置方式有领取现金、存入保险公司并按一定利率滚动计息、抵缴保险费等；增值红利则用于增加保险金额。分红保险的优势在于形成了客户与保险公司的利益共同体。客户不仅享有分红保险具有的固定的利率，同时直接参与经营利润的全面分红。同时，分红保险结构简单，客户易于理解。但其不足之处在于灵活性较差，分红保险在产品设计上类似传统非分红保险，在保费缴纳、保额选择等方面没有选择性，客户一经确定便无法更改。此外，由于受到固定预定利率的限制，分红保险的资金运用较为保守，所以利差空间受到了限制。

4.4.2 变额人寿保险

变额人寿保险（Variable Life Insurance）是一种终身寿险，简称变额寿险，其保险金额随其保费分立账户中投资基金的投资业绩的不同而变化。1976 年，变额人寿保险在美国被首次推销给一般大众。变额人寿保险在我国也被称为投资连结保险。

变额人寿保险与传统寿险相比，通常具有以下特点：第一，其保费的缴纳与传统寿险产品相同，是固定的，但保单的保险金额在保证一个最低限额的条件下却是可以变动的。变额寿险也是因此而得名的。变额寿险保险金额的变动取决于投保人所选择的投资分立账户的投资效益。第二，变额寿险通常开立有分立账户（分立账户是美国的叫法，在加拿大叫独立账户，而在中国则叫投资账户）。在寿险公司内部，对应于传统终身寿险的保单责任准备金的资产都要记入保险公司的综合投资账户，为了使这些资金获得较为稳定的资产回报率，保险公司会将其投资于一系列较为安全的项目；而对应于变额寿险的保单责任准备金的资产，则单独开立一个分立账户或多个不同收益、不同风险特性的分立子账户，由投保人或保单所有人自由选择，由保险公司本身或委托基金公司专业经营。投保人缴纳的保费，在减去费用及死亡给付分摊额后被存入选择的投资分立账户。在这类保单的死亡给付中，一部分是保单约定的、固定的最低死亡给付额，还有一部分是其分立账户的投资收益额。保险人根据资产运用状况，对投资分立账户的资产组合不断进行调整；保单所有人也可以至少每年一次地在各种投资产品中自由选择调整组合。投保人选择的投资分立账户的投资收益高，则保单的现金价值高，死亡保险金即保险金额也高；反之，则保单的现金价值低，死亡保险金即保险金额也低。第三，变额寿险保单的现金价值随着客户所选择投资组合中投资业绩的状况而变动，某一时刻保单的现金价值取决于该时刻其投资组合中投资分立账户资产的市场价值。

4.4.3 万能人寿保险

万能人寿保险，简称万能寿险，是一种缴费灵活、保险金额可调整的寿险。万能寿险的最大特点在于其灵活性，该保单的出现是为了满足保险费支出较低、缴纳方式要求灵活的消费者的需求。万能寿险的保险费缴纳方式很灵活，保险金额也可以调整。投保人在缴纳了首期保险费后，可以选择在以后任何时候缴纳任意数额的保险费（但有时会有一定的整数要求，如以 100 元为单位），只要保单的现金价值足以支付保单的各项保险成本和相关费用，保单就持续有效。投保人还可以在具有可保性的前提下，提高保额或降低保额。出于上述特点，万能寿险可以适应客户对人寿保险的个性化需求。

万能寿险的另一个特点是保单运作的透明性。寿险公司向客户公开组成商品价格结构的各种因素，每年给客户一份保单信息状况表，向客户说明保险费、保险金额、利息、保险成本、各项费用及保单现金价值的发生数额及变动状况，从而便于客户对不同产品进行比较，并监督保险公司的经营状况。

万能寿险设有独立的投资账户，个人投资账户的价值（即保单的现金价值）有固定的保证利率，但当个人账户的实际资产投资回报率高于保证利率时，寿险公司就要与客户分享高于保证利率部分的收益。

4.4.4 变额万能人寿保险

变额万能人寿保险（Universal Variable Life Insurance），简称变额万能寿险，是针对将寿险保单的现金价值视为投资的保单所有人设计的。变额万能寿险是一种终身寿险，将万能寿险的缴费灵活性和变额寿险的投资弹性相结合。变额万能寿险遵循万能寿险的保费缴纳方式，即保单持有人可以在规定期限内自行决定每期保费支付金额，或在具备可保性及符合保单最低保额的条件下，任意选择降低或调高保额；但其资产由分立账户保存，其现金价值的变化与变额寿险相同，且没有最低投资收益率和本金的保证。换言之，最坏的预计现金价值可能会降至零。因此，在美国，此产品被认为是一种投资证券产品，必须在美国证券交易委员会（SEC）注册，由有证券经纪商许可证和保险从业资格的代理人销售。

变额万能寿险的投资与变额寿险一样，是多种投资基金的集合。保单所有人可以在一定时期内将其现金价值从一个账户转移到另一个账户。但其死亡给付采取的是与万能寿险相同的方式，可由投保人选择。

习题

1. 人寿保险是以被保险人的（　　）作为保险事故的人身保险业务。

   A. 生命　　B. 意外

   C. 健康　　D. 损失

2. 不仅可能得到利息收入，而且还要分享保险人经营成果的人身保险是（　　）。

   A. 长期寿险　　B. 分红人身保险

   C. 人身意外伤害保险　　D. 投资型保险

3. 纯保障性、无储蓄性的险种是（　　）。

   A. 定期寿险　　B. 终身寿险

   C. 生存保险　　D. 两全保险

4. 我国监管部门所认定的创新型人寿保险包括（　　）。（多选）

   A. 分红保险　　B. 投资连结保险

   C. 团体寿险　　D. 万能寿险

   E. 终身寿险

5. 定期寿险的特点包括（　　）。（多选）

   A. 保险期限一定　　B. 保险费不退还

C. 名义保险费一般比较低廉　　　　D. 存在较大逆向选择风险

6. 分红保险的红利来源包括（　　）。（多选）

A. 死差益　　　　B. 费差益

C. 利差益　　　　D. 退保益

7. 简述定期寿险的优势与局限。

8. 比较生存保险和年金保险。

9. 简述团体寿险费率制定的原则和依据。

10. 简述万能寿险和投资连结保险的特点及优劣势。

答案：1. A　2. B　3. A　4. ABD　5. ABCD　6. ABC

5 人身意外伤害保险

5.1 人身意外伤害保险概述

5.1.1 意外伤害的含义

所谓意外伤害，是指在被保险人没有预见到或与意愿相违的情况下，突然发生的外来侵害对被保险人的身体明显地、剧烈地造成损伤的客观事实。意外伤害的构成包括意外和伤害两个必要条件，缺一不可。我们将在下文详细论述。

（1）伤害

所谓伤害，是指被保险人身体遭受外来事故的侵害而发生了损失、损伤，使人体完整性遭到破坏或器官组织生理机能遭受阻碍的客观事实。伤害必须由致害物、侵害对象、侵害发生三个要素构成，缺一不可。

①伤害的分类。按起因划分，伤害包括：职业上的伤害，即因职业关系或执行工作时发生的伤害，这种伤害是因职业本身的潜在危险造成的，但其发生的时间和后果具有不确定性；日常生活上的伤害，即在工作之余的日常生活中所遭受的伤害；交通上的伤害，即乘坐各类交通工具所遭受的伤害；运动中的伤害，即专门从事体育活动的运动员或非运动员在体育活动中遭受的伤害；军事上的伤害，即部队官兵在执行正常的战备值勤任务时所遭受的伤害。

按致害物划分，伤害包括：器械伤害，指使用机械设备、机动车辆、劳动工具、建筑材料、凶器等造成的被保险人身体的损伤；自然伤害，指那些自然环境或自然灾害对人体的伤害，如气温剧变、气压过低、强光暴晒、暴风雨、洪水、龙卷风等造成的伤害；化学伤害，指各种酸、碱、有毒气体、有毒液体等化工产品或化学药品、化学武器对人体体表、四肢、神经系统等的伤害；生物伤害，指野兽侵袭、花粉过敏等对人体造成的伤害。

②致害物。致害物是直接造成伤害的物体（物质），是导致伤害的物质基础。没有致害物的存在，就不可能构成伤害。意外伤害保险强调的致害物是外来的，即在发生伤害之前存在于被保险人身体之外的物质，与那些在被保险人身体内部形成的内生疾病截然不同。这也正是意外险与健康险的主要区别。

③侵害对象。侵害对象是指遭受致害物侵害的载体，在意外伤害保险中是指被保险人的身体。如果受伤害的不是被保险人的身体，而是姓名权、肖像权、名誉权、荣誉权、著作权等与人身不相联系的权利，则不认为构成保险意义上的伤害。所以说，

意外伤害保险所承保的伤害必须是发生在被保险人生理或身体上的，而不是权利等方面的侵害。

④侵害发生。任何伤害都必然导致被保险人身体的一个或若干个具体部位受到损伤，如扭脚、闪腰、骨折等，否则就不构成伤害。如果不是被保险人受到伤害，而是被保险人作为施害者造成第三者受到伤害的，意外险保险人不因此对第三人负保险给付责任，被保险人也无权领取保险金。

经保险理论界和实际工作者的总结，侵害方式可以概括为以下 15 种：碰撞（包括固定物体撞人、运动物体撞人、互撞）；撞击（包括落下物撞击、飞来物撞击）；坠落（包括由高处坠落在平地上，由平地坠落到井、坑洞里）；跌倒；坍塌；淹溺；灼烫；火灾；辐射；爆炸；中毒（包括吸入有毒气体、皮肤吸收有毒物质、有毒物质进入体内）；触电；接触（包括接触高低温环境、接触高低温物体）；掩埋；倾覆。

（2）意外

所谓意外，是指被保险人主观上没有预计到会发生致伤的事故或者虽然预计到灾害的发生，但由于各种约束、限制而不得不接受与自己本来的主观意愿——回避外来侵害——相反的现实结果。归纳起来，对意外险中意外的理解应从以下几个方面去理解：

①相对被保险人而言是外来的。普通观念上的意外，是一种纯意义上的意外，即伤害的发生是被保险人事先不能预见或无法预见的。意外还包括被保险人主观过失状态下发生的意外。

②应该是偶然性事件或突发性事件。偶然性是相对于必然性而言的。在通常情况下不会发生的事件称为偶然性事件，正因为通常情况下不发生，所以才无法预见。突发性是相对于缓慢发生的事件而言的。伤害是在短时间里骤然发生的剧烈行为，使得被保险人来不及预见就已经遭受了伤害。

③非被保险人本意，即伤害是违背被保险人的主观意愿的。意外还包括排除社会危害性的行为，如正当防卫、紧急避险、救死扶伤等。在某些情况下，被保险人预见到伤害发生，在技术上也可以采取措施避免但限于法律或职责上的规定不能躲避或是出于道德、公共利益的原因而甘冒危险。

5.1.2 人身意外伤害保险的定义

人身意外伤害保险，简称意外伤害保险或意外险，是人身保险中的一种，指在保险合同有效期内，外来的、突发的、非本意的、非疾病的客观事件（即意外事故）对被保险人身体造成伤害，并以此为直接原因致使被保险人死亡或残疾时，由保险人按合同规定向被保险人或受益人给付死亡保险金、残疾保险金或医疗保险金的一种保险。由此定义我们可以看出，意外险保险人承保的危险是意外伤害事故造成的残疾或死亡。

5.1.3 人身意外伤害保险的特征

（1）人身意外伤害保险与人寿保险的比较

人身意外伤害保险是以人的生命和身体为保险标的，以各种意外伤害事件为保险责任的保险，即当被保险人因意外伤害事件而导致伤残或死亡时，由保险人负责给付保险金的保险。与人寿保险相比，人身意外伤害保险与其不同之处包括：

第一，二者的可保危险不同。人寿保险承保的是人的自然生死，当被保险人期满生存时由保险人给付养老金、满期生存金，当被保险人身故时由保险人给付死亡保险金，因此属于人体新陈代谢的自然规律，与被保险人的年龄有密切关系。而意外险承保的则是外来的、突发的、非本意的、非疾病的客观事件（意外事故）对被保险人身体造成伤害，并因此而致使被保险人死亡、残疾。这种危险与被保险人的年龄没有关系。

第二，人寿保险是纯粹的定额给付保险，即当被保险人到期生存或死亡的保险事故发生时，保险人均按保险合同的约定给付保险金，合同同时终止，因此不存在比例给付问题。在意外险中，死亡保险金的给付按合同约定给付，合同同时终止，而残疾保险金则按保额的一定比例进行支付，当保险金的给付未达到赔偿的最高限额时，合同继续有效。

第三，保险费率确定不同。从理论上说，人寿保险承保的是人的自然生死，而自然死亡率一般认为取决于年龄，其大小可由生命表中查出，因此，人寿保险的纯保费的计算依据的是生命表和利息率。而意外伤害保险承保的是意外伤害事件，与性别及年龄的关系不大，而与被保险人的职业、工种、从事的活动或生活环境的危险程度等因素密切相关。意外险的费率是根据过去各种意外伤害事故发生概率的经验及其对被保险人造成的伤害程度、对被保险人的危险程度等进行分类统计计算而得的，尤其注重职业危险。职业是确定意外伤害保险的保险费率的重要因素。被保险人的职业的危险程度越高，则费率越高。而性别和年龄的差异对意外伤害发生的概率影响较小，故不予考虑。

第四，保险期限不同。人寿保险的期限较长，一般超过 1 年；而意外伤害保险的期限则较短，最多 3 年或 5 年，一般不超过 1 年，短的甚至只有几十分钟。而且，由于意外险的保险费率与被保险人的年龄、健康状况关系不大，保险费不会随年龄的增长而有大的变化，所以从投保人的角度而言，考虑到货币的时间价值，也出于经济负担能力的原因，投保人宁可每年续保一次，也不愿一次性支付长时期的较大金额的保险费。

第五，人寿保险的年末未到期责任准备金是依据生命表、利息率、被保险人年龄、已保年期、保险金额等因素计算的；而意外伤害险的年末未到期责任准备金是按当年保险费收入的一定百分比（如 40%、50%）计算的。

（2）人身意外伤害保险与财产保险的比较

人身意外伤害保险以人身为保险标的，属于人身保险的范畴，但其在许多方面与财产保险有着类似之处：

第一，在保险事故的发生方面。人身意外伤害事故的发生是偶然的、意外的、不可预见的，因此人身意外伤害保险与财产保险的保险事故对于某一被保险人来说，其发生都具有偶然性，而且保险事故的发生必然会给被保险人造成各种各样的损失。

第二，在保险责任方面。人身意外伤害保险强调保险事故的发生是外来原因造成的，而不是被保险人自身的原因导致，强调非故意行为。财产保险也是如此。

第三，在赔款补偿性质方面。人身意外伤害保险保障的主要是因意外伤害而致被保险人死亡或残疾时所导致的死亡、伤残给付或医疗费用损失补偿。因此，此类险种既具有人寿保险的给付性质（如死亡保险金的给付），又具有财产保险的补偿性质（如医疗保险金的支付）。

第四，在保险期限方面。人身意外伤害保险的保险期限一般为1年以内的短期保险，最长不超过5年，这一点与财产保险一致。

第五，在保险费的缴纳与确定方面。人身意外伤害保险的保费缴纳与财产保险一样，是一年一缴。另外，人身意外伤害保险的保费与被保险人的年龄无关而与其职业和所从事的活动有关，而财产保险保险费率的高低也与保险标的的性质有关。二者的纯保险费都是根据保险金额损失率计算的。

第六，在财务处理方面。因为都是短期保险，财产保险、人身意外伤害保险都提取保险保障基金（长期寿险则无须提取）。二者在责任准备金的计算与提存方面也是一致的，包括赔款准备金和未到期责任准备金，其中，保险期限在1年以下的业务的未到期责任准备金按当期自留保费收入的一定比例提取；对于1年以上的业务，则在年终按业务到期年份历年累积的保费收入与赔款支出的差额提取准备金，无须累积。而寿险产品中主要是未到期责任准备金需逐年计提、积累。

但是，二者的不同之处也是显著的。首先，财产保险的保险标的是财产或利益；意外险的保险标的是被保险人的生命或身体。其次，财产保险的保额由标的价值确定；意外险的保额则由双方协商约定。再次，财产的投保人与被保险人一般是同一主体，既可以是自然人，也可以是法人，需要对标的拥有所有权或合法占有权，因此不必指定受益人；意外险的投保人与被保险人既可以是同一主体，也可以是两个不同主体，投保人可以是法人、自然人，被保险人则一定是自然人，并且需要指定受益人。最后，财产保险中的保险人只补偿被保险人的损失；意外险即使是按伤害程度的不同而有给付额的差异，但只要达到某一损伤程度，就要给付约定的保险金额。

（3）人身意外伤害保险与人身伤害责任保险的比较

人身意外伤害保险与人身伤害责任保险在字面上虽有相似之处，且都是以发生人身伤亡事故为条件而给付保险金或赔款的保险业务，但二者实质上却有很大的不同。人身伤害责任保险是责任保险的一种。责任保险的基本内容是：投保人向保险人缴纳一定数量的保险费，在保险期限内，如果由于被保险人的疏忽、过失而造成第三人财产遭受损失或人身遭受伤害，依照法律或合同的规定应由被保险人对他人承担民事赔偿责任时，保险人应补偿被保险人由此造成的损失。人身伤害责任保险就是承保被保险人造成他人人身伤害而引起民事赔偿责任的责任保险。

5.1.4 人身意外伤害保险的分类

（1）按照所保危险的不同分类

按照所保危险的不同，人身意外伤害保险可以划分为普通意外伤害保险和特定意外伤害保险两类。

①普通意外伤害保险。它又称一般意外伤害保险或个人意外伤害保险，所承保的危险是一般的意外伤害。它通常是一种独立的险种，多采用短期保险的形式，以1年

或不到1年为期，根据保险双方的约定决定保险的内容、保险金额和保险方式。

②特定意外伤害保险。它是以“三个特定”（特定原因、特定时间、特定地点）为约束条件的意外伤害保险，所承保的危险是特定原因造成的意外伤害或特定时间、特定地点遭受的意外伤害。特定意外伤害保险通常需要投保人与保险人特别约定，有时保险人还要求加收保险费。此类保险承保的意外伤害包括战争所致意外伤害，从事剧烈体育运动、危险娱乐运动所致意外伤害，等等。

（2）按照保险责任分类

按照保险责任的不同，人身意外伤害保险可以划分为以下四类。

①意外伤害死亡残疾保险。它通常简称为意外伤害保险。此类保险只保障被保险人因意外伤害所致的死亡和残疾，满足被保险人对意外伤害的保险需求。

②意外伤害医疗保险。它是以被保险人因遭受意外伤害需要就医治疗而发生的医疗费用支出为保险金给付条件的人身保险。

③综合意外伤害保险。此类保险是前两种保险的综合。在其保险责任中，既有被保险人因遭受意外伤害身故或残疾的保险金给付责任，也有因该意外伤害使被保险人在医院治疗花费医疗费用的医疗保险金给付责任。此类保险大多单独承保。

④意外伤害误工保险。意外伤害误工保险是指被保险人因遭受意外伤害暂时丧失劳动能力而无法工作，保险人给付保险金的人身保险。

（3）按照投保方式不同分类

按照投保方式的不同，人身意外伤害保险可划分为个人意外伤害保险和团体意外伤害保险两类。

个人意外伤害保险是投保人或被保险人个人购买的保险，一份保单只承保一名被保险人；团体意外伤害保险是以团体方式投保的人身意外伤害保险，其保险责任、给付方式均与个人投保的意外伤害保险相同。由于意外伤害保险的保险费率与被保险人的职业和所从事的活动有关，因此，团体投保意外伤害保险往往比个人投保更为适合。而且意外险保险期限短、保费低而保障高，在雇主需为员工承担一定事故责任的场合，团体意外险对雇主更为有利。因此，与人寿保险、健康保险相比，人身意外伤害保险最有条件、最适合采用团体投保方式。事实上意外伤害保险的保单中也以团体意外险居多。

团体意外伤害保险的保单效力与个人意外伤害保险的保单有所区别：在团体意外伤害保险中，被保险人一旦脱离投保的团体，保单效力对该被保险人即刻终止，投保团体可以为其办理退保手续，而保单效力对其他被保险人依然存在。

5.2 人身意外伤害保险的保险责任

5.2.1 保险责任的内容及特征

（1）保险责任的内容

人身意外伤害保险的保险责任项目包括死亡给付、残疾给付、医疗费给付等，在实践中可以只保其中的一项或几项。从理论上讲，人身意外伤害保险的保险责任还可以包括停工保险给付。但在我国目前的保险实践中，有关人身意外伤害保险停工保险的规定很少，只有极个别的险种规定了停工保险金。

（2）保险责任的特征

人身意外伤害保险与死亡保险、两全保险虽然都包括死亡保险金的给付责任，但各自具体的保险责任是有区别的：人身意外伤害保险的保险责任是被保险人因遭受意外伤害而导致的残疾或死亡，不负责因疾病所导致的残疾或死亡；死亡保险的保险责任则是被保险人因疾病或意外伤害事件所导致的死亡，不负责意外伤害引起的残疾；而两全保险的保险责任是被保险人因疾病或意外伤害所致的死亡以及被保险人生存到保险期满。国内有学者形象地将上述三者之间的关系表示如图 5.1 所示。

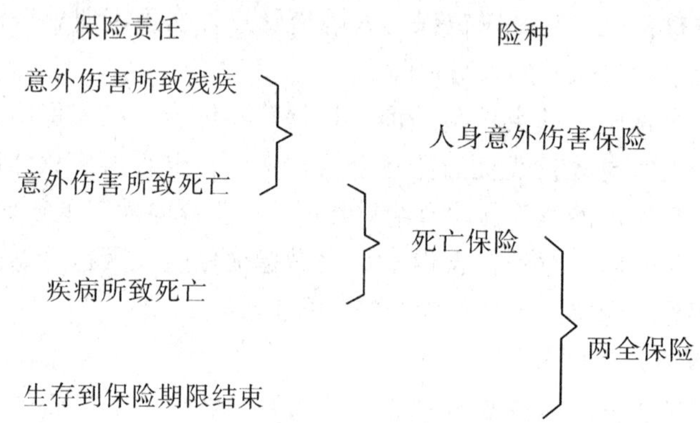

图 5.1　人身意外伤害保险、死亡保险和两全保险的保险责任

5.2.2　保险责任的判定

人身意外伤害保险的保险责任必须由三个必要条件构成，缺一不可，即被保险人在保险期限内遭受了意外伤害事故；被保险人在责任期限内死亡、残疾或支付医疗费用；意外伤害是被保险人死亡、残疾或支付医疗费用的直接原因或近因。

（1）被保险人遭受意外伤害

所谓伤害，是指被保险人身体遭受外来事故的侵害而发生了损失、损伤的客观事实；所谓意外，是指被保险人主观上没有预计到会发生致伤的事故或者虽然预计到灾害的发生，但由于各种约束、限制而不得不接受与自己本来的主观意愿——回避外来侵害——相反的现实结果。

（2）被保险人死亡、残疾或支付医疗费用

被保险人在责任期限内死亡、残疾或支付医疗费用，是构成人身意外伤害保险的保险责任的必要条件之一。

①被保险人死亡或残疾。一般情况下，所谓的死亡都是指医学意义上的生理死亡，即机体生命活动和新陈代谢的终止。人身意外伤害保险残疾是指意外伤害事故直接造成的被保险人机体损伤、遗留组织器官缺损或功能障碍。在人身意外伤害保险中，若被保险人虽然遭受意外伤害，但是通过治疗或自身修复在 180 天内未遗留组织器官缺

损或功能障碍，则不属于残疾。

②保险期限内的意外伤害所致死亡、残疾或支付医疗费用应发生在责任期限之内。如果被保险人在保险期限内遭受意外伤害，并在责任期限内死亡，显然构成保险责任，保险人应给付死亡保险金。责任期限对于意外伤害造成的残疾，实质上是确定残疾程度的期限。被保险人遭受意外伤害后，往往要经过一段时间的治疗才能确定是否造成残疾以及造成何种程度的残疾。如果责任期限结束时仍不能确定最终结果，那么就应该推定责任期限结束这一时点上被保险人的组织残缺或器官正常机能的丧失是永久性的。在此之后，即使被保险人经治疗痊愈或残疾程度减轻，保险人也不能追回多给付的保险金；反之，即使以后被保险人残疾程度加重甚至死亡，也不能要求保险人追加保险金。

对于医疗费用支出，也是类似的道理，因为医疗过程往往要持续一段时日，相应的费用支出也会持续发生。但无论是以上哪一种情况，当累积给付保险金额已达到最高限额时，保险责任就会自动终止。

（3）意外伤害必须是死亡、残疾或医疗费用支出的直接原因或近因

意外伤害必须是伤害的直接原因或近因，这也是构成人身意外伤害保险承保条件的一个必要条件。只有当意外伤害与死亡、残疾或医疗费用支出等保险事故存在因果关系时，才属于承保范围。具体来讲，意外伤害与伤害间存在以下三种联系：

①意外伤害是直接原因。意外伤害事故直接造成被保险人死亡、残疾或就医治疗而增加额外开支。

②意外伤害是近因。意外伤害虽然不是导致被保险人死亡、残疾、就医等的直接原因，这一结果却是引起一连串相关事件的最初原因。

③意外伤害是诱因。意外伤害诱发被保险人原有的疾病发作、恶化，造成被保险人死亡、残疾或就医治疗。

（4）保险责任的确认

在实际工作中，保险公司是循着如下这样一条思路来考察具体事件是否属于人身意外伤害保险的保险责任的。

①确定被保险人身体有无遭受外来伤害的事实。首先确定是否有伤害的事实存在，即是否有死亡、残疾或其他需要治疗的事件发生，或者身体的健康、健全是否受损，出现异常的行为能力、言谈举止等；如果确定已发生了伤害，就要判明受伤害人是否就是保险契约中所指明的被保险人，该契约是否仍在效力期间内；如果答案是肯定的，就要判别造成伤害的原因是否来自外界，根据“伤害”的定义，只有受到来自外界致害物的侵害并对被保险人的身体造成侵害事实的，才认为构成伤害，否则不属于人身意外伤害保险保险责任。

②确认被保险人所受伤害是否源自意外。首先推断是否是被保险人的故意行为，如果不是，再讨论伤害能否为被保险人所预测得到，如果无法预测得到，就构成意外伤害；如果可以预见，就分辨是否是被保险人因疏忽而未预见到。若被保险人因疏忽而未预见到伤害，则构成意外伤害；反之，如果被保险人确实可以预见而且也已预料到伤害的发生，就讨论被保险人不躲避伤害的原因。如果是因为法律、职责的规定而

不得躲避或是出于道义、公德等高尚的动机甘冒风险而致伤害，则仍视为意外伤害；如果是其他情况则一般不认定为意外伤害。

5.3 人身意外伤害保险的保险金给付

5.3.1 死亡保险金的给付

在人身意外伤害保险合同中，要规定死亡保险金的数额或死亡保险金占保险金额的比重。例如，规定被保险人因意外伤害死亡时给付保险金 3 000 元、5 000 元，或规定给付意外伤害保险金额的 100%、70%、50%等。

另外，有些人寿保险合同的附加意外伤害保险条款将死亡保险金的给付按行业危险程度做出了规定。如将意外伤害保险金分为特殊保险金和普通保险金两种，凡从事井下作业、海上作业、航空作业及其他高危险工作的人员适用特殊保险金，其他人员则适用普通保险金。特殊保险金和普通保险金的比例为 1：2，从而体现了人身保险合同权利和义务的对等原则。

5.3.2 残疾保险金的给付

在残疾程度确定后，保险人应根据《人身保险残疾程度与保险金给付比例表》的规定，按照保险金额及该项残疾所对应的给付比例给付残疾保险金。也就是说，在残疾程度确定以后，计算应给付的残疾保险金事实上非常简单，一般数额计算公式为：

残疾保险金=保险金额×残疾程度对应的给付比例

具体来说，在残疾保险金的给付过程中有很多细小的地方需要注意。

第一，一次伤害，多处致残。这具体又分两种情况：一是被保险人因为保险有效期内的一次意外伤害事故导致了身体若干部位致残，即同时发生残疾给付标准上两项或两项以上的残疾，并且伤残属于同一器官部位，即同时达到一类身体组织残疾中的几个级别时，一般只给付较高级别的残疾保险金。二是如果被保险人遭受不同部位的残疾时，应以保险金额为限加总给付，即保险人根据给付比例将各处残疾给付百分比累加，未超过 100%的，则

残疾保险金=约定保险金额×累计给付百分比

超过 100%的，则

残疾保险金=保险合同约定的保险金额

例如，被保险人因意外伤害导致一目永久完全失明（应给付 30%），同时又缺失 10 个手指（应给付 75%）时，两项百分率加总超过 100%，则只给付合同约定的保险金额。

第二，多次伤害。根据人身意外伤害保险的一般规定，被保险人在保险有效期内多次遭受伤害的，保险人应按每次致残程度分别给付保险金，但累计金额不得超过合同约定的保险金额。

第三，先残后死。在被保险人多次遭受意外伤害事故而先残疾、后死亡的情况下，被保险人的残疾保险金仍是按上述方法计算的，而最后的死亡保险金则等于合同约定的保险金额扣除先期给付的残疾保险金额后的余额，同时合同宣告终止。

第四，特别约定残疾给付。这是用来弥补残疾程度百分比的不足的一项约定，因为人体各部位的残疾对从事不同职业的人的劳动能力的影响是不相同的。例如，普通人丧失一个手指，在根本上不会影响生计，但对于钢琴演奏家而言却是致命的打击。因此，特定职业的人们可能会对自己身体的某个特别部位予以特别关注，也需要保险人提高对这一部位的保险金给付百分比。此时就需要保险双方共同签订一项特别约定，并在保单中列示。

5.3.3 医疗保险金的给付

不同国家对于意外伤害医疗保险金给付的做法有很大不同，有的将其列为除外责任，有的是针对其中几个险种给付医疗保险金，有的则是将医疗保险金的给付作为常规条款列在保险条款之中。

当被保险人在保险有效期内遭受承保危险事故而导致身体受到伤害，并且因此发生了医疗费用开支时，在责任有限期内提出申请的，由保险人按实际发生数额在保险金额之内对被保险人进行补偿。此项保险金额包括实际医疗费用和住院费等，前者是被保险人必须支付的合理的实际医疗费用，由保险人给付医疗保险金，但每次给付不得超过保单所规定的“每次伤害医疗保险金限额”；后者是指被保险人因意外伤害经公费医疗或在保险人指定的医院住院治疗所发生的费用，由保险人按其住院日数给付保单所载的“伤害医疗保险金日额”，或按规定金额报销，但每次伤害的给付或报销天数不得超过规定时日。此外，如果被保险人因伤害骨折但未住院治疗的，保险人可以按经验住院日数乘以“医疗保险金日额”的一半进行给付，这是我国台湾等地区的一般做法。

习题

1. 人身意外伤害保险的保险费率主要是根据被保险人的（　　）确定的。

   A. 年龄　　B. 职业
   C. 性别　　D. 收入

2. 意外伤害的特征包括（　　）。（多选）

   A. 外来的　　B. 非本意的
   C. 突然的　　D. 非疾病的

3. 人身意外伤害保险属于（　　）保险。（多选）

   A. 给付性　　B. 短期性
   C. 保障性　　D. 储蓄性

4. 按致害物划分，伤害包括（　　）。（多选）

   A. 器械伤害　　B. 化学伤害

C. 生物伤害　　　　　　　　　　D. 自然伤害

5. 人身意外伤害保险与财产保险的共同之处在于（　　）。（多选）

A. 保险期限短

B. 保险金额由保险价值确定

C. 保险事故的发生是外来原因造成的

D. 1 年以下的未到期责任准备金按当年保费收入的一定比例计算

E. 保险事故的发生是偶然的

6. 人身意外伤害保险具有哪些特点？

7. 简述人身意外伤害保险与人寿保险的区别与联系。

8. 简述人身意外伤害保险的分类。

9. 简述人身意外伤害保险中保险金的给付方式。

答案：1. B　2. ABCD　3. ABC　4. ABCD　5. ACDE

6 健康保险

6.1 健康保险概述

6.1.1 健康保险的概念

(1) 健康保险概念的界定

健康保险是以人的身体为保险标的，保证被保险人在受到疾病或意外事故所致伤害时的费用支出或损失能够获得补偿的一种保险。如同人寿保险并不是保证被保险人在保险期限内能够避免生命危险一样，健康保险并不是保证被保险人不受疾病困扰、不受伤害，而是以被保险人因疾病等原因需要支付医疗费、护理费，因疾病造成残疾以及因生育、疾病或意外伤害暂时或永久不能工作而减少劳动收入为保险事故的一种人身保险。根据人身保险业界的习惯，往往把不属于人寿保险、人身意外伤害保险的人身保险业务全都归入健康保险中。

健康保险主要有以下两层含义：①健康保险承保的保险事故是疾病和意外伤害事故两种。疾病主要是人体内部的生理或疾病因素造成的；意外伤害事故则是人们非本意的、外来的、突然的因素所造成的。②健康保险所承保的危险是因疾病（包括生育）导致的医疗费用开支损失和因疾病或意外伤害致残导致的正常收入损失。我们知道，疾病和意外伤害事故带给人们的结果可能是同样的，即去医院治疗而支出医疗费用或者耽误工作而减少劳动收入。因此，健康保险正是针对这两种后果来规定其保险责任的，以补偿人们的医疗费用开支和收入损失。

我国《保险法》规定，人身保险业务，包括人寿保险、健康保险、人身意外伤害保险等保险业务。而中国保险监督管理委员会下发的《关于印发〈人身保险产品定名暂行办法〉的通知》（保监发〔2000〕42号）第六条指出："按保险责任，健康保险分为疾病保险、医疗保险、收入保障保险。"

(2) 健康保险的承保责任

笼统地讲，健康保险的承保责任范围包括：工资收入损失、业务利益损失、医疗费用、残疾补贴以及丧葬费及遗属生活补贴等。从总体上看，健康保险承保的主要内容可以分为两大类：一类承保的是由于疾病、分娩等所致的医疗费用支出损失，一般称这种健康保险为医疗保险或医疗费用保险。另一类承保的是由于疾病或意外事故致残所致的收入损失，如果被保险人完全不能工作，则其收入损失是全部的；如果被保险人无法恢复所有工作，只能从事比原工作收入低的工作，那么其收入损失是部分的，损失数额就是原收入与新收入的差额，一般称这种健康保险为疾病保险、收入保障保险。

6.1.2 健康保险的特征

健康保险虽然与人寿保险、人身意外伤害保险同属人身保险的范畴，但健康保险也有许多不同于其他人身保险险种的特点。健康保险的特征，不仅体现在保险标的、保险事故方面，而且体现在健康保险业务的独特性方面。

（1）健康保险的保险标的、保险事故具有特殊性

①健康保险的危险具有变动性和不易预测性。健康保险涉及许多医学上的技术问题，尤其是危险的估测、保险费的测定等都比较复杂。

②健康保险以人的身体健康为保险标的，以疾病、生育、意外事故等原因造成的残疾、失能和死亡损失及发生的医疗费用为保险事故。

③健康保险是一种综合保险。健康保险的内容广泛而复杂，一般情况下，凡不属于人寿保险、人身意外伤害保险的人身保险都可以归为健康保险。因此，健康保险既是独立的保险业务，又具有综合保险的性质。

（2）健康保险的经营内容具有复杂性

无论是从健康保险经营内容的整体出发，还是从某一具体的健康保险业务的经营内容出发，其复杂性特征均很明显，主要表现在：

①承保标准复杂。由于健康保险的保险事故不同于其他人身保险，健康保险的承保条件相对于人寿保险而言要严格得多。健康保险业务有以下几点规定：一是观察期。仅仅依据病历等有限资料很难判断被保险人在投保时是否已患有某种疾病，为了保证保险人的利益，保单中要规定一个观察期（大多是半年）。在此期间，被保险人因疾病所致的医疗费支出或收入损失，保险人均不负责，只有在观察期满后，保单才正式生效。也就是说，观察期内发作的疾病都假定为投保之前就已患有，保险人根据最大诚信原则可以拒绝承担责任。二是次健体保单。这是指对没有达到标准条款规定的身体健康要求的被保险人所施行的承保方式，一般通过提高保费或重新规定承保范围来完成承保工作。三是特殊病保单。对于特殊疾病，保险人制定出特种条款，以特定费率进行承保，既使得保险人的业务范围拓宽，又不给保险经营带来过大压力。

②确定保费的要素复杂。我们已经知道，人寿保险纯保费计算的三个基础率是预定死亡率、预定利息率和预定费用率。健康保险因保险内容不同，在保费的确定上也略有区别。首先，决定健康保险费率的因素比人寿保险以及其他险种多，而且这些因素很难进行可靠、稳定的测量，主要包括疾病发生率、残疾发生率、疾病持续时间、利息率、费用率、死亡率等因素。其次，同其他险种一样，类似保单失效率、展业方式、承保习惯、理赔原则以及保险公司的主要经营目标等都影响着费率的高低。最后，由于健康保险承保内容的特殊性，确定保费时对医院的管理、医疗设备、经济发展、地理环境等条件的依赖程度较大，而这些方面的些许变化都会保险人对未来赔付的预测带来较大的影响。

③责任准备金的性质复杂。健康保险中最重要的准备金是所谓未满期保费准备金

(Unearned Premium Reserve)，即在年度决算时，对于保险责任尚未届满的保费所应提存的准备金。与寿险保单责任准备金相比，健康保险的未满期保费准备金对保险人来说，有更大的可发挥主动性的余地，因此运用上应该更谨慎。

④保险金给付基础的多样性。健康保险有三种不同的给付基础：一是定额基础(Valued Basis)，类似寿险的给付；二是实际补偿基础（Reimbursement Basis)，在最高限额之内依据实际发生的费用给付；三是预付服务基础（Prepaid Service Basis)，提供由保险组织直接支付住院、外科医生等医疗费用的服务。即使合同约定了不同的给付基础，在具体给付上仍有无法确定的因素，例如，医疗费用被认为是一切合理的和必需的费用，但如何赔付可以有不同的掌握，这就只能依靠保险人曾经的赔付经验来进行理赔、给付。

此外，在医疗费用保险方面，为了避免支付的赔款费用超过实际发生费用的现象发生，就产生了“补偿性原则”和“费用分摊原则”。一是保险合同一般规定一个最高保险金额，保险人在此限额内支付被保险人所发生的费用，超出部分由被保险人自己承担，被保险人不得因此而获得超过实际发生费用的补偿金额。二是个人应分担一部分费用，即认为自负费用的一定比例能够促使被保险人努力地恢复身体，使得病人不去肆意地使用没有必要的服务项目和医疗设备，防止道德风险的发生。

(3）健康保险的保险合同具有特殊性

①健康保险具有补偿的特殊性。正如上面所说，与人身保险的保险金通常具有的给付性质不同，健康保险人支付的保险金具有补偿性质。针对疾病和生育的保险事故的保险金给付，不是对被保险人的生命和身体的伤害进行补偿，而是对被保险人因为疾病或生育在医院医治所发生的医疗费用支出和由此引起的其他费用损失的补偿。正由于健康保险具有补偿性质，因此其在核算上与财产保险有许多共同之处。

②健康保险一般不指定受益人。受益人是享有保险金请求权的人，除非合同另有约定，否则受益人一般为被保险人。只要被保险人生存，他就具有保险金请求权；只有当被保险人死亡时，受益人才享有受益权。健康保险的目的是为被保险人提供医疗费用或使他们获得治疗，在生活中有一定的保障。为此，被保险人得到的保险金基本上是以被保险人的存在为条件的，无须指定受益人。只有疾病保险中有死亡赔付责任的，才需要指定受益人。

③健康保险合同多为短期合同。除少数承保特定危险的健康保险（包括重大疾病保险、特种疾病保险如癌症保险、长期护理保险等）外，健康保险的保险期多为1年，因此在保险条款中会注明在什么条件下失效，什么条件下又可自动续保。这主要是因为健康保险的保费计算，以发病率、残疾率、替换死亡率为基础，没有类似于生命表的“发病率表”“残疾率表”来估计人们因疾病、分娩发生疾病和死亡的概率；此外，发病率、残疾率受职业环境等因素的影响较大，从长期来看不稳定，所以一般的健康保险中的医疗费用保险、收入保障保险等都是短期或1年期的。

此外，在健康保险合同中，除适用一般人寿保险合同的不可抗辩条款、宽限期条款、不丧失价值选择权条款等条款外，健康保险合同的条款设计上还往往有核保的考虑。如既存状况条款、观察期条款、等待期条款、转换条款、体检条款等。对于这些条款，我们将在下文具体说明。

6.1.3 健康保险合同的特殊条款

(1) 一般特殊条款

一般特殊条款是指个人健康保险和团体健康保险共同采用的一些特别规定：

①年龄条款。不同年龄的人具有不同的健康状况，年龄过高或过低都存在较常人更高的健康方面的危险，因此，年龄大小是保险人在决定是否承保时所要考虑的一个重要因素。一般情况下，健康保险的承保年龄多为3岁以上、60岁以下，个别情况下可以放宽到70岁。此外，人的性别也有很大关系。通常女性的期望寿命要长于男性，健康状况也要好于男性，从而男性投保健康保险时的保险费率较同龄女性高。

②体检条款。它允许保险人指定医生对提出索赔的被保险人进行体格检查，目的是使保险人对索赔的有效性做出鉴定。体检条款适用于疾病保险、收入保障保险等。

③观察期条款。仅仅依据病历等有限资料很难判断被保险人在投保时是否已经患有某种疾病，为了防止已有疾病的人带病投保，保证保险人的利益，保单中要规定一个观察期（大多是半年）。在此期间，对于被保险人因疾病支出医疗费或收入遭受损失，保险人均不负责，只有观察期满之后，保单才正式生效。

④等待期条款。所谓等待期，也称免赔期间，是指健康保险中由于疾病、生育及其导致的病、残、亡发生后到保险金给付之前的一段时间。健康保险的保险合同在“保险金的申请和给付”条款中一般都要加上“等待期”的约定。等待期时间长短不一，短的只有3日、5日，长的可达90日，例如，疾病保险的保单中都明确规定，被保险人自患病之日起，直到约定的等待期间届满以前，不能从保险人处获得任何给付。一些意外伤害保险的保单中也有这种等待期间的约定，但一般等待的期限比疾病保险要短。等待期间的提出，为保险金申请人准备资料、申请保险金提供了充足而有效的时间。对保险人而言，“等待期”的约定，一是可以防止被保险人借轻微的疾病或小的医疗费支出坐享给付，同时防止道德风险发生从而引起严重的自伤行为。在等待期内一切经济上的负担要由被保险人自己承担，这就避免了被保险人以暂时性疾病或以其他不当手段制造保险事故来骗取保险金，给保险人的经营带来不利的影响。二是保险人可以充分利用这段时间进行调查、核实，杜绝不良现象的发生，以保证经营的需要。此外，健康保险条款一般还会约定，一旦发生投保人要求增加保险金额度的情况，要安排新的一段的观察期（如90天）。在增加保额后的这一段观察期内，如果发生责任范围内的保险事故，保险公司不承担所增加部分的保险金的给付义务，这显然是出于杜绝“逆向选择”的需要。等待期满后，如果保险人调查结果显示保险事故是真实的，则保险人根据合同约定给付或补偿保险金给受益人或被保险人本人。

⑤免赔额条款。在健康保险合同中，一般均对医疗费用采用免赔额的规定，即在一定金额下的费用支出由被保险人自理，保险人不予赔付。免赔额有两层含义：一是指规定一个固定额度（如100元或200元），当被保险人在保险事故中遭受的损失没有达到此限额时，保险人不履行保险责任，只有当损失额达到这一限额时保险人才予以全额赔偿，这叫“相对免赔额”；二是指不管被保险人的实际损失多大，保险人都要在

扣除免赔额之后才支付保险金，这叫“绝对免赔额”。健康保险多采用绝对免赔方式。

⑥比例给付条款。比例给付条款，又称共保比例条款。比例给付是保险人采用与被保险人按一定比例共同分摊被保险人的医疗费用的方式进行保险赔付的方式。此种情形下，相当于保险人与被保险人的共同保险。例如，共保比例为 80%，意味着对于被保险人的医疗费用，保险人负担 80%，而被保险人自负 20%。

⑦给付限额条款。在具有补偿性质的健康保险合同中，保险人给付的医疗保险金有最高限额规定，如单项疾病给付限额、住院费用给付限额、手术费用给付限额、门诊费用给付限额等。

（2）个人健康保险的特殊条款

①可续保条款。一般的健康保险都是 1 年期的。初次投保无论对保险人还是投保人而言都意味着复杂的手续和各项杂费，对于希望长期投保健康险的客户，通过在保单条款中进行说明，使健康险保单变成连续、有效的保单是解决这一问题的很好的方法。一般可以在保单中加入这样的内容：

定期条款。该条款规定了有效期限，如 1 年期保单，并且承诺在保险期内保险人不能解除或终止合同，也不能要求变更保费或保险责任。这就避免了被保险人被迫每年重复检查身体办理投保手续等定式。

可取消条款。这种条款的灵活性较强，被保险人或保险人在任何时候都可以提出终止合同或改变保费、合同条件保障范围。规定这样的条款，保险人承担的风险小，所以成本也低，当然承保条件就不那么严格，但对保险人在出售保险单之后的工作要求较高。

续保条款。一般有两种不同的续保条款：一是条件性续保，即被保险人在符合合同规定的条件的前提下，可以续保直至某一特定时间或年数；二是保证性续保，也称无条件续保，即只要被保险人继续缴费，合同就可以持续有效，直到一个既定的年龄。

不可取消条款。这一条款同时针对被保险人和保险人双方，被保险人不能要求退费退保，当其无力继续缴纳保费时，保险人可以自动终止合同。

②既存状况条款。既存状况条款规定，在保单生效的约定期间内，保险人对被保险人的既往病症不给付保险金。既往病症是指在保单签发之前被保险人就已患有，但却未在投保单中如实告知的疾病或伤残。

在这里，我们有必要解释一下既存状况条款与不可抗辩条款之间的区别。在健康保险合同中，虽然二者都与保险人对被保险人的健康状况的不实告知有关，但是不可抗辩条款针对的是属于重大不实告知的病症，它保证保险人在保单生效未满 2 年期间可以以此终止合同；而既存状况条款针对的不实告知的事实属于小事，如被保险人有关节痛、有时厌食等。

③职业变更条款。在健康保险中，被保险人的职业发生变动将会直接影响发病率、遭受意外伤害的危险，所以通常在职业变更条款中规定，如果被保险人的职业危险性提高，保险人可以在不改变保险费率的前提下降低保险金额。

④理赔条款。该条款规定，理赔申请人有及时将损失通知保险人的义务，保险人有迅速理赔的责任。

⑤超额保险条款。由于健康保险的保险金具有补偿性质，因此为防止被保险人因疾病或残疾后获利，在合同中可规定超额保险条款，即对于超额保险，保险人可减少保险金额，但要退还超额保险的保费部分。

⑥防卫原因时间限制条款。防卫是指投保书上所列明的重大不实告知事项。根据此条款，保单生效经过一定时间后，除非被保险人有欺诈行为，否则保险人不得以重大不实告知为由决定保单无效或拒绝赔付。

该条款与不可抗辩条款具有相似之处，但不可抗辩条款规定，保单经过不可抗辩期后，即使投保书内的重大不实告知属于欺诈行为，保险公司也不得拒赔。

（3）团体健康保险的特殊条款

团体健康保险是保险公司与团体保单持有人（雇主或其他法定代表）之间签订的健康保险合同，对主契约下的人群提供保障。为此，保险人可以在一份团体健康保险单中提供多种团体保障，也可以为每一种保险保障签发独立的团体保单。团体健康保险的特殊条款有：

①既存状况条款。该条款的具体内容与个人健康保险有所不同。在团体健康保险中，该条款规定，如果被保险人享受的保险保障已达到约定的期限，则保险人不负对被保险人的既存状况给付保险金的责任。但是，被保险人如果对某一既存状况已连续 3 个月未因此而接受治疗，或者参加团体保险的时间已达 12 个月，则该病症不属于既存状况，由此而发生的医疗费用支出或收入损失可以向保险人提出赔付申请。

②转换条款。转换条款规定，团体被保险人若在脱离团体后购买个人医疗保险，可不提供可保证明。但是，被保险人不得以此进行重复保险。将团体健康保险转换为个人健康保险时，被保险人通常要缴纳较高的保费，有关保险金的给付也有更多的限制。

③协调给付条款。该条款在美国和加拿大的团体健康保险中较常见，因为在这些国家，有资格享受多种团体医疗保险的被保险人较普遍，如双职工家庭可能享有双重团体医疗费用保险。该条款主要是为解决享有双重团体医疗费用的团体被保险人获得的双重保险金给付问题，而将两份保单分别规定为优先给付计划和第二给付计划。优先给付计划必须给付它所承诺的全额保险金；若其给付的保险金额不能满足被保险人所应花费的全部合理医疗费用，被保险人就可要求第二给付计划履行赔付差额部分保险金的责任，同时告知保险人优先给付计划的给付金额，第二给付计划根据协调给付条款支付保险金。

6.2 医疗保险

6.2.1 医疗保险的概念及特征

（1）医疗保险的基本概念

医疗保险，又称医疗费用保险。人们投保医疗保险的目的就在于补偿医疗费用的支出。医疗保险是健康保险最重要的组成部分，是指提供医疗费用保障的保险，保障的是被保险人因患疾病或生育需要治疗时的医疗费用支出，包括医生的医疗费和手术费、药费、诊疗费、护理费、各种检查费、住院费以及医院杂费等。各种不同的医疗保险所保障的费用一般是其中一项或若干项医疗费用的组合。

（2）医疗保险的特征

①出险频率高，保险费率高。

②赔付不稳定且不易预测。

③保险费率厘定困难，误差大。

④医疗保险具有补偿性，即保险人以被保险人在医疗诊治过程中发生的医疗费用为依据，按照保险合同的约定，补偿其全部或部分医疗费用。

6.2.2 医疗保险的分类

目前，商业保险公司推出的医疗保险产品种类繁多，按照不同的分类标准，大致有以下几种类别。

（1）按投保人数分

按投保人数的不同，医疗保险可以分为个人医疗保险和团体医疗保险。个人医疗保险只能由个人作为投保人来购买。团体医疗保险产品必须由单位作为投保人，投保单位不能是为投保目的而临时组成的团体，并且投保单位必须达到一定的人数，如有的团体医疗保险规定被保险团体必须在10人以上。

（2）按保障范围分

按保障范围的不同，医疗保险中的各类产品可以细分为普通医疗保险、住院医疗费用保险、手术保险、门诊医疗费用保险、综合医疗保险、高额医疗费用保险等。我们将在下文进行详细介绍。

6.2.3 医疗保险的内容

（1）保险期限和责任期限

保险期限是指保险人对保险合同约定的保险事故所造成的损失承担给付保险金责任的时间段，而责任期限则是指被保险人自患病之日起的时间段。如果被保险人患病治疗超过保险期限，则保险人只负责责任期限内的医疗费用开支。也就是说，只有发生在保险期限内的保险事故才能享受责任期限的待遇，被保险人在保险期内患病但在保险期内还未治愈，则从患病之日起的不超过责任期限内所支出的医疗费用由保险人提供补偿保险金。责任期限一般可定为90日、180日、360日不等，以180日居多。

（2）保险金额

医疗保险一般会规定一个最高保险金额，保险人在此限额内支付被保险人所发生的医疗费用，无论被保险人是一次还是多次患病治疗；但超过该限额之后保险人就停止支付。除此之外，在实践中还可采取规定每次门诊费的保险金额、规定每日住院金额数（平均数）、即时限额补偿、疾病限额补偿等方式确定医疗保险的保险金额。

（3）保障项目

被保险人患病治疗过程中，医疗费用涉及的范围很广，既有治疗疾病的直接费用，如药费、手术费，又有与治病无关但患者必须支出的费用，如假肢费、整形费。这些名目繁多的费用究竟是否属于保障范围，是保险人在进行赔付之前必须仔细区分的。原则是直接费用予以负责，间接费用可付可不付，无关费用一律不予负责。一般来说，保险人均会列入保障范围的费用有：药费、手术费（包括麻醉师费和手术室费）、诊断费、专家会诊费、化疗费、输血输氧费、检查费（包括心电图、CT、核磁共振等）、拍片透视费、理疗费、处置费、换药费、X光疗费、放射疗费等。有些费用是否属于保障范围，则视保险单的具体规定而异，如住院床位费、家属陪护费、取暖费、异地治疗交通费等。另外，还有一些费用是作为除外责任的，如病人的膳食费、滋补药品费、安装假肢或假牙费、美容性整形整容费、器官移植的器官费用等。对于上述费用，不同保险人提供的医疗保险，其保障范围和除外责任范围也不大相同。

（4）医疗费用分摊

医疗费用分摊条款是医疗保险的常用条款之一，通常采取免赔额和比例分担两种形式。除此之外，还有给付比例与免赔额结合法、限额给付法、免责期限（即在合同生效的最初一段时间内，保险人对被保险人发生的保险事故不负赔付责任，以减少带病投保现象，降低保险人的经营风险）等方式。

6.3 疾病保险

6.3.1 疾病保险的概念

疾病保险是以疾病为保险金给付条件的保险，如重大疾病保险、特种疾病保险等。它是指被保险人罹患合同约定的疾病时，保险人按投保金额定额给付保险金，以补偿被保险人由此带来的损失的保险。疾病保险不考虑被保险人的实际医疗费用支出，而以保险合同约定的保险金额给付保险金。

6.3.2 疾病保险的承保内容

（1）疾病保险的承保条件

疾病保险，顾名思义，就是以影响人们健康的各种疾病为承保条件的保险。

保险人出于经营需要，一般都要对可保疾病加以限制，主要是指人身体内部原因所引起的病症，包括精神上的或身体方面的痛楚、不健全等。构成可保疾病的，通常必须具备以下三个条件：

①内部原因的疾病。强调内部原因对人们健康构成威胁甚至危害，实质上是区分疾病保险与意外伤害保险的一个重要标准。疾病保险承保的疾病必须是人身体内部的某种原因引发的，即是由于某个或多个器官、组织甚至系统病变而致功能异常，从而出现各种病理表现的情况。

②非先天性疾病。保险的一个重要特征就是对于那些在保险期间内发生的保险事故，由保险人根据保险合同履行补偿或给付义务。疾病保险要求疾病发生在保险合同

的效力期间。根据这样的原则，一切先天存在于身体上的缺陷都不属于疾病保险承保范围之内。一些潜伏性疾病，如遗传性结核病、性病等若无诱发因素引起发病，对人们的健康并无大碍，如果在保险效力有效期间发作，应当将其视作普通疾病，在实务中一般列入可保范围之内。

③偶然性疾病。偶然性疾病的限制来自于这样的假设，即认为人生以健康为常态，以疾病为异常。因此，疾病的发生应当纯属偶然，并非人们所能预料得到的，但这种偶然性疾病是可以治愈的。所以一般对偶然性疾病又要求其在客观上有药可治，通过各种医药手段、措施可以减轻痛苦、缓解病势并最终可以根除病患。

（2）疾病保险不保的危险

疾病保险合同条款中，一般在“保险责任”后面就会列示出除外责任。例如，“由于下列原因所致被保险人发生的疾病，不属保险责任：①被保险人的自杀或犯罪行为；②被保险人或其受益人的故意欺骗行为；③战争或军事行动；④先天性疾病及其手术；⑤意外伤害引起的疾病或手术；⑥在观察期内发生的疾病或手术；⑦凡保险责任内未列明的疾病”。也有的保单将特定区域以外罹患的疾病除外不保，或将精神障碍、结核病等除外不保，还有的将不法行为、酗酒、吸毒等也列入不保危险的范围之中。

6.4 收入保障保险

6.4.1 收入保障保险的概念及特殊条款

（1）收入保障保险的基本概念

收入保障保险，又称丧失工作能力收入保险、收入损失保险、收入保险等，是对被保险人因疾病或遭受意外事故而导致残疾、丧失部分或全部工作能力而不能获得正常收入或使劳动收入减少所造成损失的补偿的保险。

收入保障保险一般可分为两类，一类是补偿因疾病致残的收入损失，另一类是补偿因意外伤害致残的收入损失。因此，它并不承保被保险人因疾病或意外伤害所发生的医疗费用。

（2）收入保障保险的特殊条款

收入保障保险合同除了在被保险人全残时给付保险金外，还可以提供其他利益。这些补充利益，既可以自动包含于基本险中，也可以通过缴纳附加保费的方式获得。

①部分残疾保险金给付条款。某些收入保障保险单在被保险人部分残疾时，在约定期间内提供残疾收入保险金。部分残疾是指导致被保险人不能完全从事其原有职业的某些工作内容或全天从事其职业的残疾。一般情况下，部分收入保障保险金可以在保单中约定（如为全残收入补偿保险金的一个固定比例），也可以约定给付公式。当然，具体的给付金额视被保险人因残导致收入的损失程度而定。

②加保选择权条款。加保选择权的全称是未来增加保险金额选择权，也叫保证未来的可保性，即如果被保险人在未来某一时期的收入增加的话，则不论其当时的健康

状况如何，均有增加保险金额的权利。被保险人增加保险金额时，也不必提供可保证明，但必须提供收入增加证明。

③生活指数调整（COLA）给付条款。按生活费用调整保险金的给付额是为解决通货膨胀造成的保险给付金购买力下降的问题，为残疾的被保险人提供定期增长的残疾收入保险金。在这一条款下，收入保障保险金根据消费者物价指数的增长或保单中规定的比例而增加。既定比例通常是5%或10%，同时被保险人要求增加保险金给付的申请必须是在残疾保险金给付1年之后提出的。

④免缴保险费（WP）条款。几乎所有的残疾收入保险单都包含了免缴保险费条款。根据这一规定，被保险人如果全残并且持续期超过规定的最短期限，就可免缴保险费，不过仅在被保险人的保险金给付期间或在其伤残期间可以免缴保险费。此外，被保险人在没有完全康复的伤残时期内也可免缴保险费。

6.4.2 保险金的给付金额及给付方式

收入保障保险所提供的保险金并不是完全补偿被保险人因残疾所导致的收入损失。事实上，残疾收入保险金有一限额，一般该限额要低于被保险人在残疾前的正常收入。如果没有这一限制，就有可能导致残疾的被保险人失去重返工作岗位的动力，甚至有意延长伤残时间。因此，残疾收入保险金的目的仅在于保障被保险人的正常生活。

（1）收入保障保险金的给付金额确定

残疾一般可分为全残或部分残疾。全残是指被保险人永久丧失全部劳动能力，不能参加工作以获得工作收入。部分残疾是指被保险人丧失部分劳动能力，只能进行原职业以外的其他职业，且新的职业可能会使收入减少。因此，收入的损失在数额上可能是全部或部分，在时间上可能是长期的或短期的。

收入保障保险金的给付金额有定额给付和比例给付两种方式。

①个人收入保障保险通常采取定额给付的方式。定额给付是指保险双方当事人在订立保险合同时根据被保险人的收入状况协商约定一个固定的保险金额（一般按月份定）。被保险人在保险期间发生保险事故而丧失工作能力时，保险人按合同约定的金额定期给付保险金。在这种方式下，无论被保险人在残疾期间是否还有其他收入来源及收入多少，保险人都要根据合同约定给付保险金。

为了防止道德风险的发生，保险人在对每个被保险人确定其最高残疾收入保险金限额时，需要考虑以下几个方面：被保险人税前的正常劳动收入；非劳动收入，如股利、利息等；残疾期间的其他收入来源，如团体残疾收入保险或政府残疾收入计划所提供的保险金；现时适用的所得税率。

②团体收入保障保险通常采取比例给付的方式，是指保险事故发生后，保险人根据被保险人的残疾程度，给付相当于被保险人原收入的一定比例的保险金。对于团体长期收入保险单，该比例通常为60%~70%。团体短期保险单所规定的比例通常会高一些。

（2）收入保障保险金的给付方式

①一次性给付。

被保险人全残。被保险人因疾病或遭受意外伤害导致全残，同时保单规定保险金的给付方式为一次性给付的，保险公司通常按照合同约定的保险全额一次性支付保险金给被保险人。

被保险人部分残疾。如果收入保障保险合同规定被保险人可以领取部分保险金，那么保险公司一般根据被保险人的残疾程度及对应的给付比例支付保险金。

②分期给付。

按月或按周给付。保险人根据被保险人的选择，每月或每周提供合同约定金额的收入补偿。

按给付期限给付。给付期限分为短期和长期两种。短期给付补偿是被保险人在身体恢复以前不能工作的收入损失补偿，期限一般为 1 年到 2 年。长期给付补偿是被保险人因全部残疾而不能恢复工作的收入补偿，具有较长的给付期限，通常规定给付至被保险人年满 60 周岁或退休年龄；若此期间被保险人死亡，保险责任即告终止。

推迟期给付。被保险人残疾后的一段时期为推迟期，一般为 90 天或半年，在此期间被保险人不能获得任何给付补偿。超过推迟期，被保险人仍不能正常工作的，保险人才开始承担保险金给付责任。推迟期的规定，是由于被保险人在短期内通常可以维持一定的生活，同时设定推迟期也可以降低保险成本，有利于为确实需要保险帮助的人提供更好的保障。

习题

1. 为减少在处理和赔付持续时间很短的疾病中发生的费用，降低经营成本，在残疾收入保险中常规定（　　）。

A. 保险期限　　B. 责任期限

C. 等待期　　D. 生存期

2. 下列保险产品属于健康保险的是（　　）。（多选）

A. 住院津贴保险　　B. 手术保险

C. 门诊保险　　D. 意外医疗费用保险

3. 下列（　　）属于健康保险的特殊条款。（多选）

A. 等待期条款　　B. 观察期条款

C. 比例赔付条款　　D. 宽限期条款

4. 下列属于疾病保险的保障范围的有（　　）。

A. 被保险人的自杀　　B. 先天性疾病及其手术

C. 内部原因的疾病　　D. 意外伤害引起的疾病或手术

5. 下列属于健康保险的有（　　）。（多选）

A. 长期护理保险

B. 住院津贴保险

C. 重大疾病保险

D. 递延年金保险

6. 简述健康保险的含义及基本特征。

7. 为什么说健康保险比其他保险具有更大的道德风险？
8. 试比较健康保险和社会医疗保险的异同。
9. 收入保障保险有哪些保险金给付方式？

答案：1. A　2. ABCD　3. ABC　4. C　5. ABC

第二部分
人身保险实务

7 人身保险营销

7.1 人身保险营销渠道模式

7.1.1 人身保险营销的传统渠道

保险产品从保险公司最初的产品开发，最终到投保人手里的过程、途径称为保险营销的渠道，有效、畅通的保险营销渠道是保单顺利销售的保证，因此，人身保险公司在进行人身保险营销时务必要保证营销渠道的畅通无阻、广泛有效。传统的人身保险营销渠道大致可分为两大类：直接营销渠道和间接营销渠道。

（1）直接营销渠道

直接营销渠道即直销渠道，是指人身保险公司将保单直接销售给最终投保人，不需要任何中间环节。它以保险买卖双方的直接交流为特点。直销渠道一般在以下两种情况较为常见：一是人身保险产品的功能单一，只面向特定的投保人，人身保险公司根据客户的特殊需要而提供该类产品；二是人身保险产品的功能过于复杂，需要人身保险公司细致的指导、详细的解说和优良的售后服务，这也需要投保人直接和公司进行联系。

在美国，直销渠道是人身保险公司通过邮寄、报纸、杂志、广播电视或电话等方式直接与客户联系而形成的，不需要任何中间人。在这种营销渠道下，人身保险公司可以节省中间人的费用支出，但要相应增加广告的支出。若是针对某一特定险种，则直销渠道有利于投保人的集中投保，可一次性进行大量销售，节省成本支出。人身保险公司和投保人的直接联系有助于公司及时、有效了解市场行情，对现有产品进行改进并开发出满足市场需求的新产品。但是，由于人身保险公司的业务量庞大、保单品种繁多，直接营销模式不利于人身保险公司获得规模经济效益，因此，人身保险公司只对特殊险种采取此方式。

（2）间接营销渠道

间接营销渠道是指人身保险公司通过若干中间环节将保单销售给最终投保人。对于营销的中间环节，各保险公司有所不同，可以是一个，也可以是多个，可以是代表人身保险公司利益的中介组织机构，也可以是代表投保人利益的中介组织机构。间接营销渠道可根据中间环节的不同分为不同的类型。

①保险代理人制度。在这种间接营销渠道下，人身保险公司首先通过代理合同明确代理人，并授权代理人在保险公司的授权范围内进行代理保险产品的销售。代理人

向客户出立暂保单、代收保险费及进行理算赔款等。客户直接与代理人发生联系，而不必通过人身保险公司。保险代理人制度的建立，对于人身保险公司降低销售成本、分散风险、提高保单销售量、增加公司利润有着重要的意义。保险代理人的展业活动渗透各行各业，覆盖城乡的每个角落，为社会各层次的保险需求提供了方便、快捷的人身保险服务，产生了较大的社会效益。保险代理人进行保单的专业销售，有助于人身保险公司保单行销效率的提高。同时，代理人与客户紧密接触，还能将保单不足之处和客户需求及时反馈给人身保险公司，从而提高人身保险公司的经营效率。

②保险经纪人制度。保险经纪人和保险代理人有很大不同，保险经纪人是代表投保人的利益，为其寻找合适保险人并代表投保人拟定保险合同，完成保险行为，收取佣金。而保险代理人是代表保险公司的利益，帮助公司进行保单的销售。保险经纪人是西方发达国家保险公司销售保单的重要形式。由于保险经纪人在保险条件、保险费率厘定及保险市场方面具有专业的知识和丰富的经验，因此他能为投保人提供专业化的服务，方便了投保人的活动。而且，保险经纪人能从保险公司那里按照招揽业务的一定的比例，获取一定佣金，既节省了保险公司内部较高的直销人员工资的支出，又使保险经纪人获得了一定的收入，具有较好的社会效益。

③员工销售制度。从事保单销售业务的员工是人身保险公司向社会招聘的并经其培训合格的专门从事人身保险推销业务的人员。他们虽然由人身保险公司招聘并管理，但不属于保险公司的正式员工，其收入包括底薪加所收保费的一定比例的提成。他们是介于保险人和投保人之间的中介人。员工销售制度方便了人身保险公司的营销活动，具有很大的灵活性和机动性。

在世界上，保险代理公司等保险中介已经有上百年的历史，而中国的保险中介实际上是自 1992 年美国友邦进入后才大规模引入的。保险代理公司和保险经纪公司都需经有关机构的批准才能设立组织形式，对其从业人员有较高的要求，对各组织机构的硬性要求也很严格，而我国人身保险业发展时期较短，人才缺乏，所以在这方面还有很大的欠缺。

7.1.2 人身保险营销渠道的创新

世界互联网技术的迅速发展，给人身保险的营销也开辟了新的道路。新的人身保险营销方式即网络营销已经出现在国际保险市场上。网络营销是指保险公司借助于联机网络、电脑通信和数字交互媒体等来实现其营销目标。目前，世界上知名的国际大型保险公司均已实现了网上营销。网络营销开创了世界保险营销的新渠道，其强大优势对传统营销渠道构成了潜在威胁。网络营销将从整体上改变现行营销体制，创建更快捷、更有效的营销服务体系。

首先，网络营销有利于降低营销成本。人身保险公司通过引进电子系统，可以大大降低其在保单印刷、保管、中介开支及其相关的密集劳动的成本，因此也相应地降低了保险费率的报价。对于大型人身保险公司来说，还可以得到资源共享的优势，减少了信息成本。

其次，网络营销有利于增大销售数量。由于互联网方便、快捷、准确的服务，网络营销能增强对投保人的吸引力。在传统的营销渠道中，投保人不得不花费大量时间在保单的查询、签订等方面，而现在可以随时随地获得及时、方便的服务，能增强投保人的购买意愿。而且人身保险公司由此降低的成本开支也相应地降低了保单的定价，这更能刺激投保人的购单行为。

最后，网络营销有利于人身保险公司的经营控制。网络营销通过互联网技术可以向人身保险公司提供及时、准确的保单销售业绩情况，便于营销部门进行保单管理，也有利于财务部门的账务处理工作。客户可以直接和公司进行联系，增强了人身保险公司对市场的掌握和熟悉程度，便于公司整体经营的改进。

网络营销带来的巨大优势不仅体现在人身保险公司获得的利益上，而且还能给投保人带来切实利益，为整个社会带来福利效应。

第一，投保人在新的保单购买方式下可以自由选择各类保险产品，轻松享受人身保险公司的全天 24 小时服务。在传统营销渠道中，投保人若想投保，必须先和保险公司或其代理人联系，获得人身保险公司提供服务的信息，仔细研究后再开始签订保险合同。这是一个复杂而耗时、耗力的活动，投保人有时因为项目的繁琐而不愿投保。而网络营销服务的提供，使客户可以随时在网上获取任何需求信息，足不出户便可浏览全部保单种类及相关内容，同时能获得人身保险公司提供的投保理财的专业化服务，进行专家理财。

第二，客户可以在网上进行多家人身保险公司的比较，获得人身保险公司的全面的服务信息，选择最优保单种类、最低价格，实现在保险产品的多元化中的最优选择。

第三，网络营销面向全社会，能增强人身保险公司的宣传力度，增强人们的保险保障意识，鼓励人们进行有效的风险管理，提高整体社会的安全意识，有利于国家社会的稳定发展。

7.2 人身保险营销的策略

人身保险营销要从整体上构建营销策略，这是其营销的关键。可以通过广告、商品组合、公共关系等方面制定营销策略，多角度、全方位的营销战略将对人身保险公司的业务发展起到重要的促进作用。

7.2.1 促销策略

（1）广告宣传策略

人身保险公司在进行广告宣传时要注意以下几点：

①首先要进行创意选择。创意是广告的灵魂，所以必须对人身保险产品的广告进行精心设计，力求通过广告传达丰富的信息量并能给人留下深刻的印象。要根据不同产品适应的不同对象有所差别对待，老年人和青年人的喜好不同，要选择不同的媒介。

②广告宣传对于人身保险公司来说是一项比较大的资金支出项目，因此在进行广告宣传时要注意节约成本。广告可以通过电视、广播、报纸、杂志等媒介传播。电视

广告是花费最多的，所以在电视中力求语句简练、信息播放迅速，这样可以节省开支，或者通过专门节目进行宣传，这样效果更好但支付的费用也更多。广播的广告成本相对较低，可以进行较长的广告播送。报纸、杂志也是很好的媒介手段，而且，成本与电视相比也较低，可以开展详细的人身保险说明、宣传，还可以在专门的保险报纸、杂志上宣传，这样更能增强客户对公司产品的信心。

（2）保险推销策略

广告宣传意在扩大人身保险产品在社会上的知名度，但最终的保单销售还要依赖于保险的推销工作。人身保险公司要对其营销人员进行系统的业务培训，使业务人员掌握基本的推销技巧，同时在奖金上设置激励机制，让业务人员的业务成绩和收入直接挂钩，鼓励其努力工作。推销技巧好坏对于保单能否成功销售有着重要作用。推销员首先要消除客户对人身保险的各种疑虑、误解，并宣传人身保险的优势、积极意义、重要性等，再结合客户的经济状况、保险需求等具体情况向其建议适合的保单形式。这一过程需要推销员表现热情、说话诚恳，并要有耐心。

（3）公共关系策略

人身保险公司经营的是一种服务，是以现在的保费收入换取未来的赔付支出的一种承诺服务，是直接与公众进行接触的，所以公共关系在人身保险营销中格外重要。如很多企业为其员工投保团体险，这需要人身保险公司和企业有良好的关系，企业才能带来大量投保需求。公共关系更多的是指人身保险公司和政府部门、新闻媒体、社区的关系。人身保险公司保持和政府部门的良好关系有助于其及时获得国家政策信息，由政府支持、鼓励的方向拓展产品的开发、销售；保持同新闻媒体的良好关系可以使保险公司通过新闻界传播自己的优势项目，树立强公司的良好形象，同时可以避免不利消息的传播。新闻界的广泛支持，能提高公司的声誉，增强客户的认可程度，相应地也会增加人身保险公司的潜在客户数量。为搞好公共关系，人身保险公司要积极配合国家政策的颁布实施，主动接受相关部门的监管；要经常与新闻媒体保持联系，可以对其发展进行一些投资赞助，以扩大公司的利好消息的传播。

（4）优质服务策略

人身保险公司提供的无形产品——服务也是存在质量问题的。由于人身保险公司提供的是一种给予未来某项赔付的承诺，所以其更注重长期的稳健经营，这要求公司必须提供优质服务才能不断地保持并增加其客户数量，从而扩大其市场的份额。优质服务策略是指人身保险公司努力使其提供的各种服务达到或超过客户的期望和要求。例如，尽量在方便的时间和地点为客户提供咨询、介绍、签订合同等服务，具有良好的服务态度和服务技能，人身保险服务内容真实可靠，等等，为客户提供稳定的、长期的、优质的服务。

（5）公司形象设计

投保人在选择向哪一家人身保险公司投保时的一个重要考虑因素就是公司的形象、声誉。因为公众对于保险公司提供的服务承诺的兑现与否很大程度上取决于公司的声誉，有较高威望与声誉的公司更能获得客户的青睐。因此，人身保险公司要致力于提高本公司的声誉，加强本公司的形象设计。公司的形象一部分通过其业务推销员的行为举止表现出来，所以人身保险公司要加强对员工的培训，增强其业务素质，展示公司良好的形象；另一部分是公司的宣传，人身保险公司可以定期举办宣传会或开发新产品时召开记者招待会、保户座谈会，积极参加公益活动并通过媒体进行宣传，以提高公司的知名度，增强公众对公司的认可。

7.2.2 价格策略

（1）低价策略

低价策略是指人身保险公司将产品的价格定在低于原价格的水平上，其价格只略高于成本价。这种定价策略主要是为了迅速占有市场，打开保单的销路，在总量上为人身保险公司获得更多的人身保险资金，为公司的进一步资产经营创造条件。因为有的新产品在刚刚推向市场时，人们对其功能都不甚了解，不愿意花费较高的代价去换取一个比较陌生的未来服务，因此低价策略对于新产品有更大的优势，它能更容易地被市场接受，而这是公司长期、持续经营该产品的第一步。但在实施低价策略时，人身保险公司必须实行高效的管理，不能对所有的产品都采取低价策略，因为这容易在客户心里打下产品质量较差、未来服务的承诺不可靠的烙印。低价策略更适合在市场的宏观环境较差的情况下采用，有利于增强客户的购买意愿。

（2）高价策略

高价策略是指人身保险公司将产品的价格定在高于其成本价或原来价格的水平上，以获得超额的价值增值利润。人身保险公司实行高价策略主要有四个原因：

①通过新产品的内在技术优势而提供方便、灵活的服务来获取垄断利润。新产品的独特性能能提供市场上其他产品不能提供的特殊服务，或能给客户带来更多的便利和保险保障作用，因此，人身保险公司可以利用该特性获取高额利润。

②某些产品只是针对某一特定类型的客户，其保障的风险较高。这类产品的应用范围较狭小，销售数量有限，因此必须通过高价来补偿其他相关费用，如人员研究的费用、推销费用等，以保证该产品为公司创造新的利润收入。

③较高的价格能增强市场上客户对产品的信心，保证公司产品的人气指数。

④有些投保人要求保障的风险过高，通过较高的定价方法能拒绝风险过高的人身保险标的。这有利于降低公司的经营风险，提高公司的经济效益，保证其稳定经营。

（3）优惠价策略

优惠价策略是指人身保险公司在产品现有价格的基础上，在产品销售时给予折扣或优惠折让的策略。优惠价策略包括两种形式：

①降低原有产品的价格。其目的是刺激人们投保，拓展新市场。降低产品价格会使人们得到实际的优惠，迅速地扩展市场，增加业务量。这种产品降价是暂时的，待市场拓展开以后，产品有了广泛的销售渠道，就取消优惠价。

②在进行产品的组合销售时给予价格上的优惠。如人身保险公司在推出新产品时，可以在原产品的销售基础上给予新产品优惠折让，刺激客户购买产品组合。

除了对保费缴纳的绝对数额给予降低外，人身保险公司还可以在保费缴纳方式上给予优惠，如减少首期保费投入额或延长保费缴纳期限而降低每期缴纳额。这都会在一定程度上刺激投保人购买保单的欲望。

（4）差异价策略

差异价策略是根据时间、地点、竞争对手情况的不同而采取不同的价格策略，包括时间差异策略、地区差异策略和竞争差异策略。

①时间差异策略。人身保险公司在对产品定价时，可以根据外部经济环境和内部经济环境的变化情况，在不同的时期制定不同的价格水平。当外部的整体经济环境处在繁荣期，人们的收入水平较高且收入稳定，更愿意对未来的不确定性风险进行保障时，可以制定较高的价格。当某一时期的自然灾害或意外事故发生较频繁时，人们因此而遭受巨大损失，会相应地增加对人身保险的需求，这种情况下人身保险公司也可以通过提高保单的价格来增加收入。

②地区差异策略。这是指人身保险公司对同一人身保险标的在不同地区采取不同的保费定价的策略。地区差异策略适用于在不同地区人们的收入水平、思想观念、社会治安、风险发生频率都有所不同的情况。在高收入水平的国家或地区可以定价高一些，因为人们对保险的支出承付能力较强，所以较高定价仍然具有一定的销售市场。若某一地区人们的思想观念较保守，不愿意为未来获得某项保障而进行现期支付时，保费的定价则要相对低一些。

③竞争差异策略。人身保险公司要根据其竞争对手的价格变化情况来调整自己产品的价格。若人身保险公司是一个大型的国际知名公司，在保险业界具有较高的声誉，并且在产品价格制定上有领导优势，则它可以依据其强大的实力在其他公司纷纷降低保费时依然不改变价格。然而，如果人身保险公司是一个中小型公司，在整个人身保险市场上只是同类产品价格的接受者，那么在其他公司降低产品价格时它就不得不随之调整本公司产品的价格，否则将在价格竞争中被市场所淘汰。

保险营销具有服务营销的特征，更适用于非价格竞争的原则。人身保险公司的价格策略只在特殊情况下使用，而更多地采用非价格策略。

7.3 人身保险的客户服务

人身保险产品的销售过程即是对客户的服务过程，而且是一种全面的服务。其过程包括咨询、约访、面谈、缔约、收费等，如果保险标的发生了符合合约规定的保险事故，还要包括审核、理赔、契约变更、附加价值服务等过程，还有可能发生投保人和保险人之间的法律申诉过程。这些复杂的过程可归结为三类服务：售前服务、售中服务和售后服务。

7.3.1 售前服务与售中服务

售前服务主要是咨询服务。投保人在投保前，需要先掌握有关人身保险的信息，因此人身保险公司除了通过广告宣传其产品服务以外，还要为客户提供信息咨询服务。咨询服务可以通过公司设置专门的咨询服务窗口、开通咨询服务电话或由营销人员向客户详细解释等方式来进行。不论通过哪种方式，人身保险公司事前都要对相关咨询服务人员进行培训，保证其精通本公司的服务业务。

售中服务是指投保人决定投保后，营销人员在合约签订过程中所提供的各项服务，主要是指导投保人如何正确地填写投保书。营销人员有责任指导投保人填写，并把其投保后的利益和责任详细地告知投保人，这样才能真实地体现客户的投保意愿。

7.3.2 售后服务

由于人身保险公司提供的人身保险合同都是长期性合同，尤其是终身寿险，因此保险合同的有效期都很长。在这样长的保险期限内，保险公司和被保险人都会发生很大的变化，如被保险人年龄增长、收入增加或被保险人经济贫困不能续缴保费、工作地点转移等。这些变化均会使原有保单的保障范围及人身保险金额与保护的实际需求有较大偏差。而保险公司也可能由于技术不断进步而能为客户提供更多更新的服务。这些变化都需要人身保险公司为保户提供大量方便、及时的售后服务以避免保单的中途失效，真正保障投保人的利益。

良好的售后服务能真正满足投保人的有效需求，还能树立公司的优良形象，从而为公司带来新的客户。售后服务对人身保险公司的经营是至关重要的，公司要努力提高其售后服务质量。售后服务主要包括：续期保费的收取、保险合同的变更、保险合约的复效、保单的迁移、保单遗失、污损补发、保险费自动垫缴、保单贷款、减额缴清保险、利差返还、红利领取以及保单附加值服务。

保险公司的人员要善于利用公司已有的条件，尽量做好售后服务工作，取得客户的信任，这样客户群体才会不断地扩大。

7.4 人身保险营销的产品开发

7.4.1 产品开发概述

人身保险商品是人身保险营销的客体，也是其核心内容，因此，如何开发、安排有竞争力的新产品日益成为人身保险公司竞争的焦点。人身保险公司都在不断增强自身在新产品的研发方面的实力，通过对新产品的市场需求调查、开发、设计、定价等一系列活动来吸引更多的客户，获取客户对保险产品更高的保障满意程度。

(1) 新产品的含义

新产品通常具有以下特点：

①具有新的保险内容，即新的保险责任、保险风险。

②具有新的目标市场、新的保障对象。

③具有新的缴费方式、赔付方式、现金获取方式等。新产品包括那些完全采用新技术来重新设计、开发的产品，还包括对原有产品进行重大改进而形成的产品。

（2）产品开发的原则

①适应性原则。人身保险公司进行产品开发的最大目的就是满足人们更高的保险保障要求，因此新产品的开发必须能适应这种要求。适应性还要体现在新产品的定价方面。在新产品功能满足客户需要的基础上，其定价也要同人们的承付能力水平相适应，这样才能获得更高的客户支持率。

②合法性原则。人身保险公司经营要受到国家政策法规的影响和制约，因此其开发的新产品也必须符合国家法律法规。新产品在符合现有规定的前提下，不能违背社会道德，不能具有赌博性质，不能诱发道德风险，不能侵害客户的利益。

③技术优势原则。新产品的开发要想开拓新的市场，占有新的客户，就必须在技术上具有较大的优势。现在，社会产品的竞争主要来自于其核心技术的不可效仿性，因此人身保险营销中新产品的开发必须在技术上占据领先地位，这样才能有长期的经营效益。新产品的技术优势还体现在产品的优质上。我国已开办的各类险种虽已很多，但其技术含量较低、产品质量较差，给我国人身保险业的经营带来了不良影响。

（3）产品开发的程序

产品开发是一个艰巨而复杂的项目任务，需要许多专业人士花费大量精力、财力进行长时间的研究，主要有以下程序：

①市场调查。新产品的开发要想占有市场，必须满足市场的有效需求，因此开发新产品先要进行广泛的市场调查，包括对客户、竞争对手、中介机构组织、国家有关政策部门以及国外领先公司等的调查。

②构思评审。通过对调查结果进行总结研究，制订出令人满意的产品开发计划，构思出新产品的功能，并将目标新产品的初级构思提交有关单位进行审核，通过后即可进行产品的具体内容设计，包括新产品的保险对象范围、保险金额、缴费方式、现金价值索取、保险责任、除外责任、赔付条件金额以及一些特殊的条款和附注等。

③广告宣传。新开发的产品在品种丰富的市场上是“天外来客”，对客户来说是新事物，因此，人身保险营销人员要制订出详细可行的广告宣传计划来将新产品引入市场，介绍给消费者。人身保险公司可以通过电视、广播、报纸、网络等进行宣传，也可由本公司在特定地点举行小型的宣传会，直接向客户提供咨询服务，还可以向原有的投保人进行相关介绍。

④投入市场。新的人身保险保单经设计、宣传后开始初步投入市场。人身保险营销人员要进行相应的营销策划，确定具体的营销策略、营销渠道，并对相关业务人员进行培训。

⑤绩效评估。对于投入市场的新保单，要对其初步的营销效果进行评价。根据销售人员的业绩总结出保单的销售总额、保险标的在投保人中的性质分布情况，如年龄、性别、地区分布等。还要评估出新的保险产品是否有缺陷、漏洞，如保险条款是否有歧义等。最后要计算出新保险产品的收益，如预期的未来收益，并以此进行不断的改进和提高。将改进后的产品再次投入市场，进行绩效评估。如此反复进行几次，便可得到最终的成熟产品。

7.4.2 产品开发的策略

新产品的开发能给人身保险公司带来巨额收益，但新产品的优质服务功能需要被客户认可后才能带来实际的经济效益，这中间的转化过程需要人身保险营销机构组织制定详尽的营销策略，才能将产品真正地推向市场并占有市场。这些策略包括技术策略、组合策略和时机策略。

（1）技术策略

新产品的研发人员要努力提高目标产品的技术含量，要在保费厘定、保险金额、赔付方式、现金价值获取方式等方面尽可能地开发出方便客户的优点，让投保人真正享受到新产品与其他产品不同的优质服务，并且要使这些技术上的优势很难被其竞争对手效仿。这样的产品才会在市场上长期占据优胜的竞争地位，才能为人身保险公司带来长期利润。

（2）组合策略

人身保险公司开发出的新产品可以和该公司的其他产品进行组合营销以提高公司整体的营销量，这也是人身保险营销的一个重要策略。组合策略包括全面型策略和专业型策略。全面型策略指公司面向尽可能多的顾客，向他们提供各种各样的人身保险产品，通过原有产品的稳定吸引力向原来的客户推销新开发产品，增加总体营销量；或者用新产品的优质功能吸引新的投保人，同时向其推出本公司的其他产品。专业型策略是人身保险公司将自己的力量集中于某一特定市场，如开发的新寿险产品主要针对老龄人，新开发的医疗保险产品主要针对某一类型的病人等。这样能集中公司的技术力量，不断地改进、创新险种，充分发挥专业化的优势，同时又能扩大市场份额，提高公司的声誉。经过一段时期后，营销部要对现有的组合策略进行业绩评估，根据实际情况进行改进扩大或缩小组合。

（3）时机策略

在人身保险营销时，要对新产品的推出时机做出准确把握，将其打入市场的最佳时机要与客户对其有效需求最多的时刻相吻合，这样新产品才能快速占领市场，并不断扩大其市场份额。公司也可以选择在某一特殊日期或有重要意义的日期推出新产品，提高新产品的宣传力度和反应效应。或者最好选在经济总体处于繁荣的时期，因为人们收入稳定时更愿意进行支出。

总之，人身保险营销对于新产品要采取灵活、机动的方式，对以上各种策略进行整体考虑，依据外部和内部市场环境、本公司的竞争优势等来制定营销策略，努力提高新产品的销售额。

习题

1. 保险经纪人基于（　　）的利益，为投保人与保险人订立保险合同，提供中介服务并依法收取佣金。

A. 保险经纪人　　　　B. 保险代理人

C. 保险人　　　　D. 投保人

2. 人身保险营销的服务包括（　　）。(多选)

A. 咨询服务　　　　B. 保险合同变更服务

C. 保单贷款服务　　　　D. 体检服务

3. 什么是人身保险营销？它有哪些特征？

4. 人身保险营销要进行哪些环境分析？

5. 什么是网络营销？它有哪些优点和缺点？

答案：1. D　2. ABC

8 人身保险核保与理赔

8.1 人身保险核保

8.1.1 人身保险核保概述

（1）核保的概念及意义

人身保险的经营原理在于依据以往被保险人死亡、残废等的经验数据编制的保险费率表。当有新人申请加入被保险人的行列时，他们将来的死亡或残废的可能性应当接近保险公司预先假定的经验率。所以在保险实务中，保险人需要决定是否接受一份人身保险的投保申请，并且在接受投保人申请的同时，确定一个合理的费率基础。这个过程被称为“核保”。核保工作是指对投保申请进行评估，决定是否接受这一风险，并在接受风险的情况下，决定保险费率的过程。核保的关键是衡量申请人的预期损失是等于、大于还是小于保险人在标准费率表中的预计损失。一般而言，保险人的平均预期损失有一个上下浮动的范围，对于在此范围内的被保险人，费率采用标准费率表；对于超出范围的被保险人或提高费率标准，或拒绝接受投保。

核保工作在保险市场竞争日益激烈的今天，具有重要的意义。

①通过核保，可以为投保客户提供适当的保险费率。在保险公司细致的核保工作中，可以尽可能地克服技术上的限制，不仅做到危险的分类，而且可以分辨同类危险程度的不同。

②通过核保，提供合理费率，可以维护公平，从而增强保险公司的竞争力。

③通过核保工作的开展，对危险进行必要的选择，可以达成危险的有利分配，保证保险公司的正常经营与合理利润。进行危险的选择，并不是不要危险发生，这样的话，保险公司的存在就没有任何意义了。人身保险人所追求的，是不要发生超过一定费率所预期发生的人身危险。这包括两个方面的内容：一是危险的品质分配，即选择的危险不仅要是可保危险，而且每一类危险都应具有相当的一致性，即指对危险的种类、大小、金额等而言，要注意同种危险的细微差异有可能导致的保险责任的不同。二是危险的地域分配，即一类相同品质的危险如果集中在同一地区，也有造成巨大损失的可能性，因此承保时要注意危险的分散。

（2）核保的基本原理

不同的保险公司都有自己的核保原则。这些原理之间有时是不一致甚至相互排斥的，很难在各个方面达成一致，但其基本原理都是一致的。保险公司通过考虑这些基本原理，综合分析各方面的因素，权衡得失，最终形成一套完整的核保标准。

常见的承保危险分为两大类：标准身体组（Standard Group）和次健体组（Sub-Standard Group）。标准身体组就是那些被称为正常的，可以按照标准费率核保的人群。标准身体组的人数应达到投保人的绝大部分，这是核保最一般的原理。过多的危险选择和繁琐的手续往往导致过多的拒保和单独厘定费率的情况，这必然影响营销队伍的行销积极性，加大经营成本，甚至损害公司形象。实践中虽然无法做到预期死亡率与实际情况完全相同，但对总体来说，标准危险的基础越广泛，标准身体组的死亡率或伤残率就越稳定。当然，这在一定程度上要受到公平性、竞争性等因素的限制。对于次健体的归类和费率的制定是保险公司的一项重要工作。其目的首先是尽量减少死亡率和伤残率的过度分类，以达到与公司经营管理成本之间的平衡；其次是避免竞争中的劣势并实现保户之间的公平。显然，公司的业务量、市场营销目标、保单种类、经营策略以及同业的其他做法都是保险公司在决定是否核保次健体和进行费率分类时所必须考虑的因素，同时以往的经营经验是关键所在。

（3）核保要素

核保要素也就是危险审核的内容，不同险种的审核要点不同。对于人身保险而言，个人保险与团体保险的核保要素有所不同。

①个人保险核保要素：年龄（对人寿保险至关重要）、性别（主要是女子妊娠、分娩等特定危险，这种特定危险死亡率的高低是与体质、环境、年龄及过去分娩次数密切相关的；女性的寿命一般会长于男性，在寿险当中也具有核保意义）、健康状况（包括被保险人目前存在于身体器官上的残疾或病症、既往疾病或外伤、家族病史等；有时还必须考虑被保险人个人健康记录、嗜好、环境、信誉、个性、婚姻状况、宗教信仰、驾驶记录等相关因素）、职业（考察是否会由于特定职业而引发事故危险、健康危险、环境危险等，从而决定职业等级及适用费率）、经济状况（首要因素是审核被保险人的经济收入与其申请保额是否适应，受益人是否存在特殊经济需要，是否存在道德风险）、可保利益（投保人以第三人生命为保险标的要求具备投保利益，这是保险契约生效的前提）等。

②团体保险的核保要素：投保团体（要求是依法成立的法人组织，不是为参加保险而组成的组织）、投保人数（团体投保人数及比例是否合理，是否存在逆向选择）、保险金额（对每位团体成员的投保金额是否合理，是否影响团体危险的评估）、职业危险因素（职业危险因素是团体核保的主要内容，包括职业类别、被保险人工作性质与工作环境等多个方面）。

8.1.2 人身保险核保的程序

核保工作一般是由保险代理人、保险公司的核保人或其他相关服务机构来完成的，是一个复杂的过程，一般可以分为四个阶段：

（1）接受投保单

由销售人员通过访问、调查等形式对保户做初步选择，剔除一些因体质缺陷不适于承保的情况。这是第一次危险选择。

（2）体格检查

普通寿险和健康保险达到一定额度时，都要求被保险人通过指定医疗机构或专门人员进行健康状况检查。这是第二次选择危险。

（3）核保调查

对保户所提供和需要进一步了解的情况，如既往病史、职业环境、经济状况等，进行核实调查。这是第三次危险选择，可以由保险人自己进行，也可委托专门机构和人员进行。

（4）核保决定

保险人根据投保单、体检报告、被保险人补充的调查报告等各种文件，对被保险人的体质、环境、职业、心理及道德上的各种危险因素做出综合评价，以决定承保与否以及承保所适用的费率。这是第四次危险选择，也是最后的危险选择，通常由保险公司的业务负责人完成。

8.1.3 人身保险核保的内容

由于人身保险核保涉及内容众多，本节仅以人寿保险为例进行介绍。

（1）危险因素

寿险的危险因素，是指有可能对死亡率造成影响的因素。由于寿险是以死亡率为基础的，所以诸多能影响死亡率的因素在核保中就不能不予以考虑。只有在确定各种因素并综合权衡后才能最终决定承保条件。具体而言有以下几大类因素：

①生理因素。生理因素主要包括：

年龄。年龄是影响死亡率的首要因素，也是最重要的因素，因此，对年龄段的设定，是寿险最终是否承保及适用何种费率的重要参考。一般情况下，5 岁之前和 50 岁以后的死亡率相对较高，5~50 岁年龄段的死亡率则相对要低些。但即便是处于这一年龄段之间，年龄的不同，其死亡率仍有很大的差异。在医学上，年龄对于判断疾病的发生率、病种及治愈率都有一定的价值。这是因为在不同的年龄段，一些常见病的发生率是截然不同的。一般来说，年幼者的急性病的患病率高，治愈率高；而人到中年以后则是慢性病的患病率高，治愈率低。因此，在不同的年龄段，险种、保额等相应地都是有所不同的。

性别。性别是仅次于年龄而需要考虑的因素。一般情况下，女性的平均预期寿命除在妊娠期间外总是要高于男性的。而且男性社会交往频繁，从事的危险性行业较女性要多，也更具冒险性，同时男性的不良嗜好也多，因此男性的意外发生率较女性要高得多。所以，在相同的条件下，很多国家都采取女性费率低于同龄男性费率的方式来计算保费。此外，不同的性别，对于寿险的需求也是不一样的。一般而言，女性在寿险方面的需求相对要小些。这主要是因为，男性通常是家庭收入的主要来源，一旦男性出现不测，将会给整个家庭带来很大的影响，因此男性通常更需要保险的保障。但随着各国经济的发展，在需求这一问题上也逐渐有些变化。

健康状况。寿险的费率是根据人群死亡率而制定的，而一个人的健康状况对死亡率的影响是至关重要的。在这一因素当中，首先得注意既往病史。过去曾患过某种疾病或有外伤都称为既往病史。疾病的出现可能会增大死亡率。但一般而言，急性类的疾病在治愈以后对人的寿命基本上是没什么影响的。而某些慢性类疾病，由于不容易治愈，所以对死亡率的影响相对也就大一些。所以，在核保时，这一点是不能不考虑的。其次是现有病症。现有病症指的是被保险人在参加保险时仍有的未被治愈的病症。在这一环节上，保险公司也要依据不同性质的病症做出不同的承保决定。最后是体格是否适度，血压值、心跳频率等是否正常。因为这些指标的正常与否预示着种种疾病的有无或将来发生的可能性。

家族史。这里的家族史除了包括家族病史所涉及的家族遗传和某些疾病遗传倾向外，还包括家族平均寿命、家族背景、家族习俗等因素。人的生理病理的生命现象通常受到基因的影响，尤其是家族遗传基因的影响。尽管基因对寿命长短的影响并未完全被解释清楚，但基因在其中的作用是显而易见的，所以上一辈的平均寿命也自然会影响到下一代的寿命预期。另外，家族的一些传统习俗，总是会导致一些特定的疾病患病率的升高或降低。因此在核保时就必须区别对待，对于其中会升高或降低的疾病患病率必须进行综合考虑，这样才能做出适当的承保。

②非生理因素。非生理因素主要包括：

职业。职业的不同，其所具有的危险程度不同，对死亡率的影响也不同。职业按其危险程度可分为事故危险职业、健康危险职业、工作环境危险职业。在寿险核保时，这也是一个非常重要的因素。在了解被保险人职业时必须清楚其所从事职业的具体工作岗位、工种及工作性质，以确定其所属哪一类职业，然后再确定是否承保及其费率。一般的寿险公司都有危险职业的最高保险金额及职业等级费率，以作为核保的依据。当职业变更时，应重新划分职业类型，并确定新的保险费率。值得特别注意的是，某些曾长期从事危险职业的人尽管变更职业也仍需对其慎重考虑。

嗜好。在这里，嗜好主要是指一些不良的生活习惯，如吸烟、酗酒，尤其是毒品的滥用等。这些都严重危害人的身心健康，甚至会增大突发死亡的可能性。

环境。环境包括自然环境和社会环境。自然环境主要是居住环境、工作环境等。社会环境则包括人际关系、周边社会状况等。好的环境对人的生存与发展无疑起着良好的促进作用，对降低死亡率的作用也是明显的。而恶劣的环境，势必会对人的身心健康造成不利影响，从而增大死亡率。因此，环境也就不可避免地成为寿险核保必须考虑的因素之一。

经济状况。一方面，看投保人是否有足够的收入来承担保费，另一方面，看受益人现有收入与将来可能的收益相差是否过于悬殊。对这一因素的考虑，也是为了避免出现道德风险。核保人员必须在接到保单的时候，根据所投险种和保险金额核查是否与投保人的年龄、职业、婚姻尤其是经济收入相符。一般而言，保险人员对于保险的险种和保险金额都有明确的认识，如果险种与保险金额出现明显的不相符，那么此时进行重新审核是十分必要的。

投保动机。投保动机就是投保者参加保险的目的。投保动机可以从投保人、被保险人、受益人之间的保险利益关系中有所发现。它首要考虑的是是否存在道德风险问题。这可以结合被保险人的年龄、职业、健康状况、经济状况、嗜好、以往记录、是否隐瞒重要信息以及投保险种缴费方式等方面予以考察。

保费缴纳方式。一般而言，保费的缴纳方式是采取自愿的方式。它一般不影响保险合同的实质内容。但在实务中，缴纳方式仍是作为是否存在道德风险的判断依据之一。投保申请选择趸缴的时候，道德危险相对要小一些，年缴方式次之。若投保人坚持以月缴方式投保高额保险，特别是有保险费豁免和意外事故加倍给付的险种，则核保人要进一步调查，以弄清真实原因，然后再做出决断，必要时甚至可以考虑拒绝该种投保。

（2）信息收集

为了充分考虑各项危险因素，核保人员必须要有足够的信息资料，并从中进行筛选、分析、判断，最终得出准确、可靠的评估结果，为核保的顺利完成奠定良好的基础。信息的获取一般来自以下几个方面。

①投保单。投保单是核保的第一手资料，也是最原始的危险选择纪录。投保单其实只是投保人向保险公司提出需要提供危险保障的申请书，是投保人及被保险人的投保意愿的书面报告。其内容涉及投保人和被保险人的基本情况。投保单是非常重要的资料来源。从投保单的各项填写内容可以了解投保人和被保险人的一般情况，投保人、被保险人、受益人之间的关系，等等。核保就是要利用这些信息来判定被保险人的危险等级以及适用何种险种与保险费率。

②补充调查问卷。调查问卷主要是获得补充告知和具体的健康状况。尽管投保单上的内容涉及很广，但对于有些具体的情况还不是很详细，所以必须借助调查问卷来对情况进行更深入的了解，否则将无法进行正确的危险评估。这种形式尤其适用于那些保险金额不高，保险费也不多，而体检费用却又很多的情况。调查问卷一般包含疾病发病时间、病情发展情况、治疗情况、目前的情况等一些项目，甚至还有些是专门为某类疾病所设计的。通过调查问卷形式能够提高危险判断的准确率。

③体检报告。体检报告在信息收集中也是非常重要的。体检报告较其他形式具有更高的科学性、客观性、准确度和直接性。其主要适用于那些保险金额达到一定额度的保单。在这种情况下，被保险人一般被要求到指定的医院、医疗机构或人寿保险公司的专门体检机构进行相关的项目体检，以获得足够的健康资料。

④以往病历。疾病由于某些特性，即便在一定时期内被治愈也仍有可能复发，或者留下后遗症等，因此增加了危险因素。能够彻底治愈而又不会复发或无后遗症的疾病则对寿险评估无任何影响。对于前者，由于在当期可能无法觉察，这就得靠查阅以往病历来进行了解，确定其危险程度。查阅被保险人的以往病历一般必须征得本人的同意。

⑤生存调查。生存调查即通过对被保险人的直接与间接的调查来获取的相关资料。由于存在逆向选择问题，所以在承保前后对被保险人进行深入、细致的调查是十分重要的。生存调查有利于保险公司控制危险、稳健经营，同时有助于提高服务质量，维护广大投保客户的利益，提高保险公司信誉，还有助于查缺补漏，及时补救，杜绝逆向选择。客户调查一般分为直接调查和间接调查。直接调查就是面对面地对客户进行查问。间接调查则是对除被保险人之外的其周边的人进行查问。查问的内容主要是被

保险人的健康状况、经济状况等是否符合投保要求。

⑥财务报告。这主要是针对高额保单而进行的。各国对高额的定义视具体情况而有所不同。由于高额保单的存在势必会增加保险公司潜在的经营风险，所以一般保险公司都对其采取审慎的态度。一旦有高额保单，保险公司要求被保险人必须提供财务报告，以切实了解其投保目的、有无续保能力、保费是否与其收入相称等。财务报告主要包括被保险人的职业以及投保人和被保险人的主要收入来源、资产状况、以往保险状况等。

（3）风险评估

①风险评估的含义。风险评估也可称作危险测算，即通过对已收集的核保信息进行风险状况评估，并依据一定标准将保户划入某一风险等级。其实质是对风险进行定量分析。

②风险评估方法。风险评估方法通常是将各个保险标的按既定的标准划入某一风险等级，而每一等级都有相应的风险系数，该系数即为划入的保险标的的基础风险程度系数。而保险标的的其他不同于基础风险程度系数的风险系数则采用另外的风险程度系数，并根据这一部分系数的加总值来确定是否增加保费。

（4）风险判断

通过对保户的计值、划分，最终可将保户纳入特定的风险等级。寿险公司最常使用的风险等级组有标准身体组和次健体组，此外还有不可保组（Decline Group），又称拒保体，主要是因为其风险太大，以致保险公司不能对其承保。但值得一提的是，这种风险判断仅就某一家保险公司而言，并非所有保险公司的判断。因为同一保险标的有可能在这家保险公司被定为标准身体组，而在另一家保险公司则可能被定为次健体组。

8.2 人身保险理赔

8.2.1 人身保险理赔的概念

理赔，顾名思义就是处理赔付，指保险人按照《中华人民共和国保险法》的规定和保险合同的约定，对保险标的发生的保险事故决定是否承担保险责任以及如何承担保险责任的处理过程。

理赔的发生，直接由索赔引起。索赔与理赔是一个问题的两个方面，它们直接体现了保险合同当事人的具体权利和义务，实现着保险的职能。

索赔是指被保险人（或受益人）在保险标的遭受损失后，按照保险合同的有关规定，向保险人提出赔偿损失的行为。它是被保险人实现其保险权益的具体体现。在索赔的过程中，及时通知原则的贯彻是十分重要的。首先，及时通知保险人可以使保险人能立即展开对保险事故原因、损失情况的调查，任何迟延都会使调查工作遭遇更多困难。其次，事故发生后通知越及时，则投保人、被保险人一方隐藏或销毁证据的机会就越小。最后，及时通知可以使保险人得以采取适当的方法，以防止损失进一步扩大。

8.2.2 人身保险理赔的原则和基本要求

人身保险公司要保证其保险经营的正常运行和健康发展，在理赔中应遵循以下原则。

(1) 重约守信

保险人同投保人之间的权利与义务关系是通过保险合同来实现的。保险合同条款是保险人履行其义务、承担赔偿责任或给付责任的依据，对合同双方当事人都具有法律约束力。对于保险合同中的各项条款，保险人都应严格遵守，恪守信用，既不要任意扩大保险责任范围，也不要惜赔。

(2) 实事求是

虽然保险合同条款对赔偿责任做了原则性规定，但是在实际赔案处理过程中，各种案件形形色色，案发原因也错综复杂。在一些情况下，根据合同条款很难得到明确的答案，这时既要按合同条款办事，又要考虑实际情况，要有一定的灵活性。实事求是原则要求对不同案件的具体情况进行具体分析，灵活处理赔案。在一些特殊情况下，对于被保险人的索赔，保险人还可通融赔付，即按照保险合同条款的规定本不应由保险人赔付的经济损失，保险人在综合考虑各种因素之后，仍然给予了一定的补偿。这种通融赔付不是无原则的“送人情”，而是对保险损失补偿原则的灵活运用。在考虑使用通融赔付时，必须注意要有利于保险业务的稳定和发展，有利于维持保险人的信誉和其在市场竞争中的地位，同时要适时、适度。

(3) 主动、迅速、准确、合法

任何拖延赔案处理的行为都会影响保险人在被保险人和投保人心目中的声誉。因此，理赔人员在办理出险案件时要积极主动，不推诿，办理赔案要尽可能地快，不拖延时间，给被保险人带来便利。“准确”和“合法”就是要求理赔人员对保险事故的原因调查、定责定损以及赔偿计算等，力求准确无误，不发生错赔和滥赔现象，同时分清责任，严格按照保险合同的约定和保险法规有关条款处理赔案。

8.2.3 人身保险的理赔机构

保险公司或其代理人收到被保险人或受益人的赔付申请或保险事故发生的通知之后，就开始一系列的理赔活动。从事理赔工作的可以是某一个人，也可以是某一机构组织；可以是保险公司内部的理赔机构或人员，也可以是保险中介机构。具体主要有以下几种。

(1) 保险代理人

许多保险公司都利用自己的代理人从事理赔工作，但其权力通常只以小额给付为限。保险代理人对被保险人比较熟悉，可以通过多种渠道来了解保险事故的事实，并容易使被保险人与保险人达成双方都满意的解决办法。但是，也有的代理人为博取被保险人的好感，常常会无原则地赔付，使保险公司蒙受损失。

（2）公司理赔员

每一家保险公司都有一批支薪的理赔人员，组成通常所说的理赔部。业务区域较广的保险公司，还可能在分公司也设置若干理赔员。有些保险公司更是在各地设置“理赔服务处”，以方便被保险人，迅速处理赔付工作。这些理赔人员往往不太熟悉被保险人的情况，但较代理人而言却更熟悉理赔手续和技术。因此，对于情况复杂或赔付金额较大的赔付案件，这些专业理赔人员的经验是十分有价值的。

（3）理赔服务机构

有时候在同一地区经营人身保险业务的一群保险公司，会联合起来设立专门处理理赔案件的机构，美国称之为理赔局（Adjustment Bureau）。这些理赔机构通常都在区内各地设置分支机构，形成一个处理赔付案件的网状组织。每一个保险公司只需负担部分经费，就能为自己的客户，也为自己提供全面、有效的服务。

（4）独立的理赔人

这属于一类有专业技术、有经验的独立、合格的第三人机构，是专门处理一种赔偿问题的专业理赔人。对于不设置理赔机构的保险公司而言，独立的理赔人制度提供了一种现成的解决办法。保险公司通常将一张独立理赔人的名单给予投保人，并告知其有保险事故发生时，可接洽最近的一个理赔人进行处理。

对人身保险业务来说，比较适合的是设立专门的理赔部门或理赔机构，由理赔专家来处理各种赔付案件。

除此以外，人身保险公司在进行理赔时，无论是通过自己的理赔人员还是通过理赔机构，都需要依靠一些中介组织或个人的服务，在他们的帮助下来完成各种保险赔付。这些中介机构和个人主要有：

①检验机构。被保险人发生保险事故的原因一般都比较复杂，保险事故是否属于保险责任范围，保险公司一般很难对其做出判定，这就需要一个专业的、中立的、权威的检验机构来做出最后的判决。由于检验机构的权威性，其出具的检验报告一般具有法律效力，往往作为最终的判决。除此以外，被保险人的伤亡程度也需要有关医疗机构出具证明，作为最终赔偿的依据。

②保险公证行。它是由政府审核批准成立的专门为保险做公证的私人机构，目的是在处理保险赔付时使保险双方得到公平的裁决。保险公证行也是一种保险中介，但它不代表任何一方的利益，也没有最终的裁判权，只是为保险理赔工作做出可以作为诉讼依据的证明。保险公证行按赔款总数的一定比例收取公证费。

③律师行。有些保险赔付的解决不能在保险双方中达成一致的协议，最终往往需要通过法律来解决，这就不得不需要律师的帮助。这里的律师指的是专业的保险律师，由这些律师构成的民间机构即律师行。在保险赔付需要通过法律来解决时，律师行就会委派其律师为委托人进行辩护，可以为保险公司服务，也可以为被保险人服务。律师行要为其付出的劳务收取一定的佣金，佣金的支付一般由败诉方承担。

8.2.4 人身保险理赔的程序和内容

人身保险理赔的程序一般包括以下几个环节：被保险人提出索赔申请→保险公司

受理赔案→保险公司进行理赔审核→保险公司决定是否给予赔偿给付。如果有纠纷还要进行纠纷的仲裁。

（1）被保险人进行索赔的前提

被保险人发生保险事故后要向人身保险公司进行索赔。但在申请赔付之前，受益人（或被保险人本人）必须先自己或在售后服务机构或代理人的协助下审视是否已具备索赔的前提。

被保险人索赔的前提条件包括：①发生了保单规定的保险事故，并使得被保险人的利益受到损害，而且这种损害也是保单条款中保险责任范围之内的；②在规定时间之内已通知保险人；③能够向保险人提供发生保险事故的一切证据，并可以说明详细情节；④索赔行为是符合法律规定、保险基本原则以及保险类型的；⑤在保单规定的给付金额范围内索赔。

（2）正式提出索赔申请

首先要求申请人到指定的理赔机构或部门，填写人身保险保险金给付申请书，而且这一行为必须发生在规定时期之内。《中华人民共和国保险法》第二十九条规定："人寿保险以外的其他保险的被保险人或者受益人，向保险人请求赔偿或者给付保险金的诉讼时效期间为二年，自其知道或者应当知道保险事故发生之日起计算。"

（3）保险人进行理赔审核

人身保险公司由于竞争、防止骗赔和错误索赔的需要，必须对被保险人的索赔要求进行审核，以决定是否赔偿，即进行理赔审核。审核人员一般有4个级别：核赔员、核赔主任、核赔经理和高级核赔经理。每级核赔人员都有不同的权限，在自己的权限内，核赔人员可以自行决定核赔事宜，若超出自己的权限范围则应向上级汇报请示。

（4）索赔问题的解决——赔偿给付

保险人在规定的时间之内对申请人提出的保险金给付申请予以调查，在落实了上述各种疑问并认为没有其他疑虑时，填写赔付证明材料，并履行给付义务。

一般来说，保险人实行的是一次性现金给付，但当受益人要求行使其保单所赋予的给付选择权时，可以根据受益人的要求在给付金额范围内做出安排。一般而言，人寿保险合同所载的除外责任和条件很少，保险金的给付工作较容易办理；而有关加倍给付保险金和疾病伤害的赔偿较慢，因为这需要一系列中间过程，如被保险人伤亡程度的检验报告、伤亡的意外事故证明书以及被保险人出（入）院医疗费用证明等。《中华人民共和国保险法》对保险赔偿给付做出了明确规定：保险人对审核后符合赔偿条件的，应在与被保险人或受益人达成有关赔偿协议后的10日内给付，另有约定的依约给付；对审核不符合赔偿协议的，应当发出拒绝赔偿通知书；如果在收到赔偿请求60日内对赔偿金额不能确定的，应当依据已有证明和资料可以确定的数额先予支付。

但是，保险人如果在调查之后认为申请人所提出的索赔要求不符合有关规定，可以拒付；如果认为尚有疑点，可以与受益人协商延迟给付日期，若不能达成协议，可以交由仲裁人判决。

（5）赔付纠纷的仲裁

当保险人与受益人因有关赔付的问题而不能达成协议时，可以应用保单内关于仲裁的规定。事实上，仲裁的结果对合同双方都具有约束力，因此，除非有欺诈行为存在或另有证据，否则法庭一般不会有反对仲裁结果的意见。

习题

1. 人身保险核保工作包括以下（　　）阶段。(多选)
   A. 接受投保单　　B. 体格检查
   C. 核保调查　　D. 核保决定
2. 下列属于人身保险核保内容的是（　　）。(多选)
   A. 生理情况　　B. 收入情况
   C. 兴趣爱好　　D. 遗传病史
3. 下列属于核保信息收集途径的是（　　）。(多选)
   A. 病历　　B. 投保单
   C. 职业证书　　D. 房产证
4. 下列属于理赔的要求的是（　　）。(多选)
   A. 主动　　B. 迅速
   C. 准确　　D. 合法
5. 下列属于理赔机构的是（　　）。(多选)
   A. 代理机构　　B. 公估机构
   C. 经纪机构　　D. 理赔机构
6. 简述人身保险的主要风险因素。
7. 结合实际谈谈如何提高我国人身保险核保的质量。

答案：1. ABCD　2. ABD　3. AB　4. ABCD　5. AD

9 人身保险资金运用

9.1 人身保险准备金

9.1.1 人身保险准备金的概念

所谓人身保险准备金，是指保险公司在进行人身保险业务的过程中，为保证其能够如约履行保险给付（或赔偿）义务而提取的、与其所承担的保险责任相对应的资金，也即保险公司为偿付未来保险期间内可能出现的负债而提存的一定资金，金额上等于保险公司还未履行保险责任的已收保费的净值。为了保障保险客户的利益，各国一般都以保险立法的形式规定了保险公司应提存的保险准备金，以确保保险公司具备与其保险业务规模相应的偿付能力。它实际上包括资本金、公积金、总准备金、其他任意准备金（除未到期责任准备金和赔付准备金之外的准备金）以及未分配利润等。

9.1.2 人身保险准备金的构成

（1）寿险责任准备金

寿险责任准备金是人寿保险公司为承担未到期的人寿保险责任而按规定从寿险保费中提取的专项资金，是为确保人寿保险公司有足够的偿付能力来履行其赔偿与给付责任而提存的。此类准备金的提取是针对的是 1 年期以上的长期人寿保险，主要来源于投保人的一次性趸缴保费或投保人分期缴付的保险费。长期健康保险责任准备金是寿险公司为承担未来长期性健康保险责任而按规定提取的准备金，其原理与寿险责任准备金一致，因此下文将两种责任准备金一并加以介绍。

从理论上讲，寿险公司提存的责任准备金应等于投保人缴付的纯保费及其所产生的利息扣除当年应分摊的死亡成本费的余额。

在计算责任准备金时，首先假设保险人在年初收取保费，而在年末支付保险金；然后再依据生命表和法定评估利率进行具体的计提。它的基本计算原则是收支平衡，即一定时点上保险人收取的保费应等于保险人支付的保险金额。用公式来表示，有未来法与过去法两种方法。

未来法：责任准备金=未来保险金支出的现值-未来纯保费收入的现值。

过去法（追溯法）：责任准备金=已收取纯保费的终值-已支付保费的终值。

以上两种方法是针对均衡纯保费提出的。事实上，由于各种营业费用的存在，保险公司开办之初的各项支出往往会超过附加保费所带来的收入。因此，各保险公司在实际操作中把均衡纯保费准备金制度进行了修改，把公司设立之初所收取的纯保费的一部分用于弥补营业开支，再用以后年度的附加保费分摊这部分被占用了的纯保费。

（2）未到期责任准备金

人身保险中，有类似财产保险的险种，如 1 年期以下（含 1 年）定期寿险、健康保险和人身意外伤害保险等需要提取未到期责任准备金。由于保险公司的会计年度与保单有效期不完全一致，按照权责匹配的原则，保险公司不能把当年的保费收入全部计入损益，而应将保费在各保险责任期内进行分摊。因此，所谓未到期责任准备金，又称未了责任准备金，是指保险公司在年终会计结算时，把属于未到期责任部分的保费提存出来，用作将来赔偿准备的基金。留在当年的部分属于当年的收入，称之为已赚保费，转入第二年度的部分属于下一年度的收入，称之为未赚保费，这部分构成了未到期责任准备金。如果严格按照未到期责任准备金的定义进行提取，则应先计算出每份保单的未到期责任，再按未到期责任的比重求出应提取的准备金，这种方法理解上比较直观，但工作量太大，在实际操作中往往不易做到。因此，目前一般采用年平均估算法（1/2 法）、月平均估算法（1/4 法）和日平均估算法（1/365 法）三种近似计算方法。

（3）未决赔款准备金

未决赔款准备金，简称赔款准备金，是针对保险事故已经发生，但尚在调查过程中，或者赔款（给付）金额尚未确定或尚在诉讼当中，或保险事故已发生但投保人尚未提出给付或赔款要求等情况，在会计年度决算时提取的一种准备金，是保险公司在会计期末为本期已发生保险事故应付而未付赔款所提存的一种资金准备。

未决赔款准备金一般逐案估算，具体包括以下几种情况：①被保险人已经提出索赔，但被保险人与保险人之间尚未对该保险事故是否属于保险责任范围内、保险赔付额应当为多少等事项达成协议，这类赔案被称为已报未决未付赔案。②被保险人已经提出索赔，但由于索赔案件的理算需要很长时间，为顾及被保险人的权益，保险人根据有关规定给付被保险人或受益人最低的应付赔款，然后提存适当准备金，以备将来理算完毕后可能还要发生的给付，这类赔案被称为已报未决已付赔案。③保险事故已经发生，被保险人或受益人已向保险人报案，并且保险人对索赔案件已经理算完毕，应赔付金额也已经确定但尚未支付赔款，这类赔案被称为已报已决未付赔案。④保险事故已经发生但尚未报告，这类赔案被称为已发生未报告赔案。未决赔款准备金的计提一般有个案估计法、平均值法和赔付率法三种方法。

（4）其他准备金

①存入分保准备金。保险公司承保保额巨大的保单和次健体保险时，基于安全和技术等原因往往要进行同业间的再保险业务。一般保险公司在再保险合同中会约定留存一部分再保险费，以备支付赔款或返还再保险费之用，为此而提取的准备金就是存入分保准备金，也称再保准备金。

②保险保障基金。保险保障基金是保险公司从当年自留保费中按照一定比例提取的保险基金，提取比例一般由保险法规规定。一般只对人身意外伤害保险、短期健康保险等短期人身保险业务提取保险保障基金；而寿险业务、长期健康保险业务则不必

提取保险保障基金。

③盈余分配准备金。盈余分配准备金又称红利分配准备金，有的保险合同在规定给付保险金额外，还规定保单持有人享有盈余分配的权利，如人寿保险的分红保单。人寿保险公司对分红保单持有人所应分配的盈余，在年度结算但分红方法尚未确定时，其所需金额必须提存的准备金就是盈余分配准备金。这种准备金一般由保险公司自行规定。

④特别危险准备金。特别危险准备金又称特别准备金，是针对一般传染病、非预料的其他赔款、负债特别巨大的灾病或巨额保险金所提取的准备金。有的保险公司不设特别准备金，而以特别盈余基金替代。特别盈余基金是保险公司自发性提取的盈余基金，用于应付广泛的意外事故。特别危险准备金没有一定的计算标准，有根据数学危险计算的，也有根据经验推定的。此外，有的保险公司为了避税或减少盈余分配，往往会通过提高准备金以降低利润，因此大多数国家都规定了特别危险准备金的最高限额。

9.2 人身保险资金的来源、特征与运用原则

9.2.1 人身保险资金的来源与特征

保险公司的本源业务是保险业务，但由于其保费收取在前、保险金支付在后的经营特点所产生的时间差，以及人身保险负债结构的特殊性，使得运用人身保险资金进行投资成为人身保险业重要的衍生业务。保险公司的资金来源对保险资金运用具有如下影响：一是资金来源的规模在客观上决定着保险资金运用的规模；二是资金来源的特点及其相互间的关系影响着保险资金运用的形式和结构。例如，长期闲置的资金可用于长期投资，而短期的资金来源所形成的短期负债则不能用于投资或只适合进行短期投资。

对于保险公司来说，也并非所有的资金都能运用。这是因为保险事故的发生具有随机性和不确定性，保险公司在任何时候都必须保留相当数额的存款资金以备赔付之用；同时，保险公司的各项营业费用（如工薪支出）、税收等亦需经常动用资金。因此，各国保险法律与政策规定保险公司只能运用其总额货币资金中的一部分，主要包括资本金的绝大部分、保险总准备金与各种责任准备金。

（1）人身保险资金的来源

①资本金。资本金是保险公司的开业资金，也是备用资金，是保险公司成立之初由股东认缴的股金或政府的拨款以及个人拥有的实际资本。各国政府一般都规定保险公司的开业资本金须有一定的数额。资本金绝大部分处于闲置状态，从而可以成为保险资金运用的重要来源。

②资本保证金。保险公司在成立之后，要按照其注册资本总额的一定比例提取资本保证金，并存入监管当局指定的银行。保险公司除用于清偿债务外，不得动用该部

分资金。在我国，资本保证金可以以存款形式专户存储在保监会指定的银行。

③各种准备金。各种准备金是保险公司为履行其未来理赔或给付责任而从收取的保费中提存的负债，因保险业务种类不同，准备金的期限特点也各不相同，因此可以进行相应的投资业务。人身保险业务提存的准备金中占主体的是寿险责任准备金、长期健康险责任准备金、未到期责任准备金和未决赔款准备金四种。其中，短期人身保险业务提存的准备金包括未决赔款准备金和未到期责任准备金，而长期人身保险业务提存的准备金包括寿险责任准备金和长期健康险责任准备金。

④留存收益。留存收益包括保险公司的资本公积金、盈余公积金、总准备金以及未分配利润。

资本公积金和盈余公积金。保险公司的资本公积金用于弥补公司亏损、扩大公司业务经营规模或转为增加公司资本金。盈余公积金包括法定盈余公积金、法定公益金、任意盈余公积金等。

总准备金。总准备金是保险公司在提足各项准备金后，在向投资者分配利润之前，经公司董事会及监管当局批准、按一定比例从税后利润中提取的资金，是保险公司为周期较长、后果难以预料的巨灾和巨额危险而提取的准备资金。

未分配利润。这是指保险公司每年用于积累的资金，属于股东权益的一部分。一般可以长期运用。

⑤保险保障基金。保险保障基金是根据保险财务制度的规定，从当年的自留保费收入中按一定的比例计提，并用于防范保险公司可能出现的经营风险而设立的基金。在我国，保险保障基金可以用于四大国有商业银行存款或购买国债。

（2）人身保险资金的特征

人身保险资金具有以下两个特性：

①负债性。保险公司通过出售保单获取资金，其产品特征就决定了公司的负债特征。从保险公司的资金结构来看，可将其资金分为所有者权益和负债两类，其中负债是主要部分，主要形式是各种准备金，通常寿险公司准备金要占总资产的80%~90%。

②长期稳定性。负债的期限结构取决于公司的险种结构。一般来说，寿险公司发售的保单多为10~30年的长期保单，由此决定了其负债主要是长期的。这比银行等其他金融机构的资金更具稳定性。

9.2.2 人身保险资金运用的原则

同其他各种资金的投资相似，人身保险资金运用既要看到宏观的、长远的利益，也要注重微观的、短期的效益，从而必须遵循一些共同的原则。综观世界各国保险公司资金运用的原则，虽然提法各异，但都具有一般的共同要求，也就是保险资金运用的安全性、收益性、流动性与社会性。

（1）安全性原则

所谓安全性，是指保险公司的资金运用必须保证其本金安全返还的原则。人身保险资金的绝大部分是责任准备金，具有共同准备财产的特点，在资产负债表上是负债项目，所以运用上应以安全性为第一原则。具体而言，其方法有：

①回避政策。该政策规定投资的实施是在保险公司健全的财务机构组织下，基于科学的、有组织的调查分析后实行的，要避免凭主观、直觉或经验，而要基于经济状况、就业形势及各种企业的经营现状进行综合把握。

②分散政策。分散政策包括类别分散和区域分散两种。类别分散，指增加资金或责任准备金投放的途径（种类），分散资金的用途，以免遭遇风险，动摇保险公司的基础。区域分散就是在运用资金时，不要集中于某一地区，而是分散于不同地区甚至不同国家，以求安全。

③缓和政策。缓和政策是保险公司为避免实际发生投资损失而影响收支平衡所采取的一种必要措施。其主要内容是充分提存各种准备金，若能提取所谓的投资损失准备金则更好，可以用以填补投资损失，以免影响公司的正常经营。此外，还应考虑货币资金的时间价值等因素。

（2）收益性原则

保险公司收取的保险费，是已考虑了一定的预定利率因素之后的保险商品价格现值。资金的运用必须超过此预定利率，才能保证在预期赔付率下的保险偿付。实际中，投资收益越大，意味着风险越大。如何兼顾安全性与收益性，是投资技术的重要课题。专业投资人员利用各种工具寻找一个相对合适的平衡点，以此为根据从事保险资金的运用。从结果来看，平衡点是否合适，对资金运用成果的影响是十分巨大的。

（3）流动性原则

流动性指的是人身保险资金运用资产迅速变现的能力。大多数人身保险合同是长期性的，因而具有储蓄性质。就整体而言，保险合同的期限是多种多样的，不可能出现所有合同同时到期的情况，同时保险资金还有不断累积的趋势。一般认为，人身保险资金投资的高度流动性意味着其投资政策不健全。因为流动性越强，收益性越低。保险公司可以平日将主要的资产放在长期投资上，而只将其中一小部分进行流动性投资。但需要注意的是，对于个别险种如短期意外伤害保险、健康保险等来说，投资的流动性仍然是一个重要的要素。当然，就人身保险总体而言，也应适当考虑资金的流动性，大多数合约是有现金价值的，或是允许保单借款的。当一国通货膨胀比较严重，货币贬值恐慌发生，要求解约支付现金或是凭保单申请贷款的需要就会突然增加，此时保险公司可以以其固定投资资产作为保障，获得巨额的银行融资。如果保险公司仍无法满足此时的现金需要，就只有将投资资产变现以应急需，否则会导致资金周转困难，经营陷于被动状态。

（4）社会性原则

这是保险公司运用保险资金追求效益时应考虑的因素之一。人身保险资金的长期性特征决定了将其投资于某些公共事业是可能的，而将保险资金投资于发挥社会的或经济的最大效用的各项事业，如交通事业、全民卫生保健等，也是保险公司经营的一个重要的方面。贯彻这一原则可以提高公众的福利，扩大保险的社会影响，提高保险业的声誉。但这种投资当然是以不妨害投资的安全性、收益性等原则为前提的。

9.3 人身保险资金运用的形式及其投资组合

9.3.1 人身保险资金运用的形式

从理论上说，人身保险资金运用可以选择资本市场上的任何投资工具。但纵观世界各国保险公司的投资发展情况，它们的投资选择往往受到收益性、风险水平、流动性等的限制。其投资形式虽然多种多样，但主要包括银行存款、有价证券、贷款、不动产投资、项目投资等形式。

（1）银行存款

银行存款是最简单的投资方式。保险公司将保险资金存放在银行及可以办理存款业务的非银行金融机构以获取利息收入，一般以定期存款形式出现。这种资金运用形式中，银行为保险资金的投资中介，其特点是安全性较高。现阶段，我国寿险资金运用的主要组合是银行存款，尤其是协议存款，收益相当不错。但根据国外保险公司资金运用的实践，银行存款往往不是保险资金运用的主要形式，各保险公司的银行存款只是留作必要的、临时性的机动资金，一般不会保留太多的数量。

（2）有价证券

有价证券，是指具有一定券面金额、代表股东所有权或债权的凭证。它作为资本证券，属于金融资产，持有人具有收益的请求权。证券投资作为各国保险公司资金运用的主要形式，可以分为债券、股票、证券投资基金三大类。

①债券。债券这种具有返还性且有固定收益的投资工具具有较高的安全性，流动性也比较强，同时有一定的收益性，是比较适合人身保险资金的投放的。它一向被认为是最适合寿险公司投资的投资工具，事实上也一直是人身保险资金运用的首选投资形式。依据债券发行主体的不同，债券可以划分为政府债券、金融债券和公司债券。

第一，政府债券。政府债券是国家和地方政府发行的公债，定期偿还本金和支付预定利息。其信用高，可享受税收优惠，收益水平也较高。

第二，金融债券。金融债券是由金融机构（主要是银行）发行的债券。

第三，公司债券。公司债券是企业为筹集资金而发行的借债凭证，利息一般比较固定。

上述三种债券中，政府债券信用最高，其风险几乎可以认为是零。

从债券投资的实践来看，它拥有比股票更好的自由流动性和收益安全性，所以债券的行情时时刻刻反映着整个投资市场的全貌。以美国为例，其寿险公司以往对债券的投资一直占总投资的30%~35%，后来虽然在不断下降，但是依然仅次于股票。

②股票。保险公司进行股票投资的优点在于其可转让，方式灵活，并且能够享有股东所具有的盈余分配权、剩余财产分配请求权、新股认购权、表决权等多项权利，能够获取较高的投资收益和资本利润等。股票投资的缺点在于股票价格的变动往往难以准确预测，风险较高，其安全性亦低于其他有价证券。因此，国外保险公司既高度

重视股票投资，又在股票投资中相当审慎。不过，保险公司对股票投资的重视程度一直在持续增强，股票投资在西方国家保险资金运用中所占的比重也在不断增加。随着保险公司负债的变化，特别是利率敏感型产品的开发和金融机构间竞争的加剧，保险公司对流动性强和收益性高的资产的需求增加，所以保险公司对股票的投资比例在不断地上升。

③证券投资基金。证券投资基金是指保险公司通过发行基金证券集中投资者的资金，再交由专家从事股票、债券等金融工具投资，投资者按投资比例分享其收益并承担风险的一种投资方式，属于有价证券投资范畴。目前，中国保监会只允许保险公司在债券市场上参与证券投资基金的一级市场配售、二级市场买卖，并且限定了购买单只基金的比例及其占总资产的比例。

证券投资基金的投资对象既可以是资本市场上的上市股票和债券，也可以是货币市场上的短期票据（也称银行同业拆借）、金融期货、黄金、期权交易、不动产等，有时还包括虽未上市但具有发展潜力的公司债券和股权。作为一种金融市场媒介，证券投资基金实际上是一种金融信托形式。它存在于投资者与投资对象之间，起着把投资者的资金转换成金融资产，通过专门机构在金融市场上再投资，从而使货币资产得到增值的作用。

（3）贷款

贷款是指保险公司作为信用机构，以一定利率和必须归还等为条件，直接将保险资金提供给需要者的一种放款或信用活动。贷款作为保险公司资金运用的主要形式之一，按其形式又可以分为以下四种：

①抵押贷款。由于保险公司调查借款企业的资信比较困难，所以大多数贷款采用的是抵押贷款方式，即财产担保贷款。它分为动产或有价证券抵押、不动产抵押、银团担保银行保付等，贷款利率高于银行存款，是期限较长而又比较稳定的投资业务。谨慎选择的抵押贷款通常有较高的安全性和较高的收益率，特别适用于保险公司保险资金的长期性运用，如世界各国保险公司对住宅楼宇长期抵押贷款就大多采用分期偿还、本金递减的方式，收益均很好。但是，抵押贷款没有二级市场，投资者一般持有到债务期满，因此流动性风险较大。

②流动资金贷款。它是指以需要流动资金的企业为对象而发放的贷款。它属于短期性投资，要求申请贷款的企业必须具有法人资格并接受保险公司的调查，以确保资金能够按期回流。

③技术改造项目贷款。它是指保险公司为支持企业进行技术改造、技术引进并由此而获取收益的固定资产投资性贷款。它以申请者的科学立项和切实可行的计划为依据，由保险公司投资部门审慎把握，并保证贷款的专款专用。

④保单质押贷款。它是在寿险保单具有现金价值的基础上，根据保险合同的规定，寿险公司应保单持有人的申请而发放的贷款。其贷款以寿险保单为抵押，到期归还本金并附带利息。它实际上是在保险给付金请求权上设立抵押权，一般按保单现金价值的一定比例贷款。保单贷款金额受保单现金价值的限制，贷款额度不会超过此现金价值，如果被保险人退保，或保单因其他原因失效，或发生死亡理赔及到期应给付保险

金，保险公司可以从退保金、保险金中扣除贷款的本金和利息。由此可见，这种贷款十分安全，风险小，既可以作为一种竞争手段，增强保险人的竞争力，又可以用活资金以增加收益。

（4）不动产投资

不动产投资，也就是房地产投资，是指保险公司投资购买土地、房产，并从中获取收益的投资形式。保险业对不动产的投资大体包括两类：一类是保险公司因自身经营需要而取得的不动产，包括办公楼及附属建筑（为便于交易所需的不动产），另一类是保险公司为了取得投资利益而投资的不动产，如投资于可改良或开发的地产，从事与正常营业无关的商业性房地产买卖等。这种投资的特点是保值程度高，其价值一般都是看涨的，往往成为抵御通货膨胀的手段之一。不动产投资所需资金量大，变现能力差，而以长期性为特点的人寿保险资金并不受其影响。所以很多大型保险公司对不动产投资情有独钟。

（5）项目投资

项目投资，属于保险公司直接投资，是保险公司利用其所拥有的保险资金直接投资到生产、经营中去，或建立独资的非保险企业，或与其他公司合伙建立企业，并以此获取投资收益。通过项目投资建立的独立的企业，具有独立于保险公司之外的法人资格，其经济效益要受市场的检验。因此，项目投资作为保险公司的一种投资形式，在保险资金运用中占有一定的地位。

9.3.2 人身保险资金运用组合分析

由于保险业自身的特殊性，世界各国对保险业一般都实行严格的监管，其中对保险业投资的监管是各国对保险业进行管理的一个重要组成部分。受人身保险负债的特点、资本市场的发展程度等因素的制约，人身保险资金运用一贯以“稳健”著称。传统的人身保险资金运用形式以期限长、风险低的固定收益债券和抵押贷款为主。随着寿险产品的创新，利率敏感型寿险和年金产品的开发，来自其他保险公司和金融机构竞争的加剧以及金融市场的发展，现代人身保险资金运用的形式越来越多样化，同时保险资金运用的证券化趋势也日益明显，风险高但收益大的股权投资比重不断上升。在金融市场健全的国家，单个保险公司对保险资金运用形式的选择主要考虑两个关键因素：一是公司负债的性质；二是政府监管当局对保险资金运用形式的限制。

（1）人身保险资金运用结构

投资风险和收益之间存在正向的替换关系，因此投资者在进行投资时必须考虑其所能承受的风险水平，或者其所想获得的收益水平，而这要取决于投资者的风险偏好。为了分析一家保险公司的投资组合情况，我们可以通过对保险资金运用结构进行分析来了解。所谓保险资金的运用结构，是指保险资金运用投向的构成及其数量的比例关系。随着市场经济高度发展和金融资产多样化，保险公司的投资形式也日益增多。多样化的投资形式，一方面适应了社会经济发展的需要，另一方面也降低了保险资金运用风险和投资风险。

在实务中，往往通过计算各种保险资金运用形式的投资额占资产总额的比例来反映人身保险资金的运用结构。资产负债表中各项资产的比例，有助于我们了解该保险公司的资金运用结构，再加以分析就能够对当前该保险公司的经营业绩做出评价或提出建议。由于各国经济发展和管理上的差别，各国保险公司在资金运用结构上也不尽相同。研究人身保险资金运用结构问题的宗旨就是要实现一个结构最佳——使各种资产搭配形成最佳组合，实现资金运用结构的合理化。人身保险资金运用客观上需要按照保险资金运用原则，在兼顾收益性、流动性、风险性的条件下，合理确定和调整人身保险资金的运用结构，以提高人身保险资金的使用效果。

（2）人身保险资金运用组合的发展

人身保险资金运用成为关系到保险公司生存与发展的重要手段和各国资本市场举足轻重的力量，是随着资本主义市场经济的发展和保险市场竞争的日趋激烈而发展起来的。从理论上讲，人身保险资金运用可以选择任何一种投资形式，但实际的人身保险资金运用组合往往是多种因素综合的结果。国际上人身保险资金运用组合经历了从被动、保守的以银行存款和抵押贷款等固定收益投资形式为主的债券贡献投资组合，到积极、进取的以债券和股票等证券化资产为主的投资组合的演变。人身保险业的结构性变迁大大提升了保险公司在金融市场上的地位。在西方国家，寿险公司和养老基金、共同基金已并列成为金融市场上三大重要的机构投资者，由此寿险公司的投资组合也发生了深刻的变化。

第一，各国保险公司对人身保险资金运用收益的要求提高，投资组合战略也更为积极。为了提高人身保险产品与其他金融产品的竞争力和吸引力，保险公司从灵活性和收益性出发，纷纷进行险种创新。为使这些新产品能提供和其他金融产品一样乃至更高的实质性收益，保险公司就必须采取更为积极的投资组合战略。与此同时，这些新险种的购买者更多追求的是短期投资收益，与此相关的本金和利息支付期限的缩短，都要求保险公司在制定投资组合战略时要更加注重资产的流动性和短期收益性。

第二，保险公司的投资组合出现了证券化趋势。一些高风险投资工具，如非投资级的证券和衍生金融产品，包括期货、期权、货币和利率互换等也经常出现在人身保险资金运用组合中。一方面，由于创新型险种对保险公司投资组合的流动性和收益性要求提高，而各种形式的证券流动性强，收益也不错，因此高风险、高收益的债券以及各种抵押贷款支持的证券、股票均已成为保险公司的主要投资方式。人身保险资金运用组合中增加了收益高、流动性强的投资工具，使得保险公司的投资组合普遍出现了明显的证券化趋势。另一方面，一些垃圾股票和垃圾债券因其可能的高收益也开始进入一些保险公司的投资组合。而衍生金融产品的风险虽大，但其可以缓冲某些内在金融风险的作用，这也使得许多保险公司将其作为人身保险资金运用的风险管理手段。此外，保险业的国际化、保险公司资金来源的国际化要求人身保险资金运用资产组合的国际化，因此，保险公司的海外投资比重不断上升，从而既可分享国际金融市场的收益，也可增强投资组合在地域上的分散程度。

习题

1. 下列属于人身保险公司准备金的是（　　）。（多选）

   A. 寿险责任准备金　　B. 长期健康保险责任准备金

   C. 未决赔款责任准备金　　D. 未到期责任准备金

2. 下列属于人身保险公司投资资金来源的是（　　）。（多选）

   A. 准备金　　B. 资本金

   C. 保险保障基金　　D. 保费收入

3. 人身保险投资的原则有（　　）。（多选）

   A. 投资性原则　　B. 增长性原则

   C. 安全性原则　　D. 流动性原则

4. 人身保险投资资金可以运用于（　　）。（多选）

   A. 股票　　B. 银行存款

   C. 期权　　D. 次级债券

5. 什么是人身保险准备金？寿险公司提取人身保险准备金的目的何在？

6. 寿险公司可运用的资金主要由哪些部分构成？有什么特征？

7. 寿险公司为什么要进行保险资金运用活动？

答案：1. ABCD　2. ABC　3. CD　4. ABD

10 人身保险监管

10.1 人身保险机构监管

人身保险机构即人身保险市场上的供给主体，是进行人身保险业务活动的基础和载体。人身保险机构监管是对人身保险机构的组织形式、市场准入、变更、兼并、市场退出以及人身保险中介人实施的监管。人身保险机构监管依据的法律为《中华人民共和国保险法》（以下简称《保险法》）、《中华人民共和国公司法》（以下简称《公司法》）和依据上述两法制定的《保险公司管理规定》。对于外资人身保险机构的监管，主要依据《中华人民共和国外资保险公司管理条例》，对于其未做规定的，同样适用于《中华人民共和国保险法》和其他法律、行政法规以及国家的其他有关规定。

10.1.1 保险公司的市场准入监管

（1）保险公司的组织形式

我国《保险法》第六条规定："保险业务由依照本法设立的保险公司以及法律、行政法规规定的其他保险组织经营，其他单位和个人不得经营保险业务。"《公司法》规定了我国保险公司的组织形式为有限责任公司和股份有限公司两种。

（2）保险公司的设立条件

在我国，《公司法》中规定了公司的设立条件和程序，《保险法》规定了保险公司的设立条件和程序，另外还有《保险公司管理规定》。依据特别法优于普通法的原则，保险公司的设立应以《保险法》和《保险公司管理规定》为主要依据。

①审批原则。在我国设立保险公司或保险公司设立分支机构必须经中国保监会批准，未经中国保监会批准，任何单位、个人不得在中华人民共和国境内经营或变相经营商业保险业务。经批准设立的保险公司，由批准部门颁发经营保险业务许可证，并凭经营许可证向工商行政管理机关办理登记，领取营业执照。

②设立原则。保险公司应遵守保险法律法规和行政规章，应合理布局、公平竞争，有利于我国保险市场和金融体系的稳定。保险和银行、证券分业经营，财产保险业务和人身保险业务分业经营。

③对公司章程的规定。保险公司的公司章程要符合《保险法》和《公司法》规定的公司章程。《公司法》第八十一条规定，股份有限公司的章程应载明以下事项：公司的名称和住所；公司的经营范围；公司的设立方法；公司股份总数、每股数额和注册资本；发起人的姓名或名称、认购的股份数；董事会的组成、职权、任期和议事规则；

公司法定代表人；监事会的组成、职权和议事规则；公司利润分配办法；公司的解散事由与清算办法；公司的通告和公告办法；股东大会认为需要规定的其他事项。

④对最低开业资本金的规定。《保险法》第六十九条规定，设立保险公司，其注册资本的最低数额为 2 亿元，且必须为实缴货币资本。《保险公司管理规定》第七条规定，保险公司拟注册资本不低于 2 亿元，且必须为实缴货币资本。

⑤对从业人员的规定。《保险法》第六十八条规定，保险公司应有具备任职专业知识和业务工作经验的董事、监事和高级管理人员。《保险法》第七十五条规定，保险公司申请设立分支机构时，要出具拟任高级管理人员的简历及相关证明材料。高级管理人员必须具有符合规定的学历和资历，无经营不善而致使公司亏损、破产的记录，公务员不得担任保险公司主要负责人，离退休人员不得担任保险公司法人代表。

⑥对组织机构和管理制度的规定。新设立的保险公司必须有健全的组织机构和管理制度，即内部组织完备，内部控制制度设置合理、有效，人事制度、业务制度、保卫制度等保障系统健全，保证信息通畅、决策迅速、行动高效。

（3）保险公司的设立程序

概括起来，保险公司开始营业以前至少要经过四道程序：

①提交文件、资料，提出申请。《保险法》第七十条规定，申请设立保险公司，应当提交下列材料：设立申请书；可行性研究报告；筹建方案；投资人的营业执照或者其他背景资料，经会计师事务所审计的上一年度财务会计报告；保险监督管理机构规定的其他文件、资料；等等。

②初审合格后进行筹建。《保险法》规定进行筹建的保险公司要具备相关条件，并向金融监管部门提交正式申请表和有关文件、资料。

③经批准的公司登记注册，准备营业。《保险法》第七十七条规定：“经批准设立的保险公司及其分支机构，凭经营保险业务许可证向工商行政管理机关办理登记，领取营业执照。”《保险法》第七十八条规定：“保险公司及其分支机构自取得经营保险业务许可证之日起六个月内，无正当理由未向工商行政管理机关办理登记的，其经营保险业务许可证失效”。

④缴存保证金。保证金是保险公司设立时提取的存于保险监管部门指定银行或其他机构的资金。《保险法》第九十七条规定：“保险公司应当按照其注册资本总额的百分之二十提取保证金，存入国务院保险监督管理机构指定的银行，除公司清算时用于清偿债务外，不得动用。”

（4）保险公司分支机构的设立

保险公司设立分支机构应由总公司向中国保监会提出申请，且应其备以下条件：

①有利于当地保险市场的发展。

②总公司开业 1 年以上，每申请增设一家分公司或省级以上分支机构，应增加资本金至少 5 000 万元。全国性保险公司资本金达到 15 亿元，区域性保险公司达到资本金 5 亿元的，在偿付能力充足的情况下，增设分支机构可不再增加资本金。

③内控制度健全、机构运转正常、偿付能力充足。

④最近两年无严重违法、违纪行为，拟设分支机构的上级机构年检合格。

⑤具有符合中国保监会规定任职资格的分支机构高级管理人员。

⑥上次批设的分支机构筹建成功，运转正常。

⑦中国保监会要求具备的其他条件。

保险公司申请设立分支机构时，应提交正式申请报告，具体内容包括：业务经营范围，3 年业务发展规划和市场分析，筹建负责人、必需的设备设施及拟定的办公地点，等等。

（5）保险公司设立代表处的规定

保险公司的代表处是负责保险公司的咨询、联络、协调等非保险业务经营活动的派出机构，不得从事经营活动。中国国内的保险公司在境外设立代表处必须经中国保监会批准。

10.1.2 保险公司的市场退出监管

（1）保险公司的解散和清算

保险公司的解散是指依法设立的保险公司因分立、合并或公司章程规定的解散事由的出现，经保险监督管理部门批准，关闭其营业机构，终止其从事保险业务的行为。保险公司的解散原因主要包括：①保险组织新设分立后，原保险组织分立为两个或两个以上的保险组织，原保险组织解散；②保险组织新设合并后，所有参加合并的保险组织均解散；③公司章程规定的解散事由。

《保险法》规定经营人寿保险业务的保险公司，除分立、合并外，不得解散。分立和合并之后的权利、义务将由新设立的公司承担，不会损害被保险人和受益人的合法权益。保险公司依法解散的，应当立即停止接受新业务，并依法上缴保险许可证。

保险公司的解散清算是指保险公司出现法定解散事由后，依法结清公司的债权、债务，消灭公司法人资格的行为。保险公司依法解散的，其资产处分应当采取公开拍卖或招标的方式；协议转让的，应当报中国保监会备案。清算组编制的保险公司清算方案，应经保险监管部门确认后方可执行。清偿的顺序依次为：①支付清算费用；②支付所欠职工工资和劳动保险费用；③赔偿或者给付保险金；④缴纳所欠税款；⑤清偿公司债务；⑥公司财产按上述规定清偿后的剩余财产，有限责任保险公司按股东的出资比例分配。

（2）保险公司的撤销和清算

保险公司的撤销是指保险公司违反法律、行政法规而被保险监督管理部门吊销经营保险业务许可证，强制关闭的行为。

保险公司依法被撤销的，应当立即停止接受新业务，依法上缴保险许可证，并由金融监督管理部门依法及时组织清算组进行清算。其清偿顺序同解散清算一致。

（3）保险公司的破产和清算

保险公司的破产是指保险公司不能支付其到期债务，由债权人或保险公司自身向人民法院提出申请，经金融监督管理部门同意后，由人民法院宣布其倒闭清算。其他任何部门、组织和个人，包括金融监督管理部门，都无权宣告保险公司破产，人民法院也只有在接到申请后才可依法做出宣告，而不能直接依职权宣告保险公司破产。

保险公司宣布破产后，将由人民法院组织金融监督管理部门等有关部门和有关人员组成清算组进行清算。清算的内容包括：人民法院依法组织清算组，清理破产公司的财产，处理未了结的业务；通知并公告债权人申报债权，要求债务人履行义务，结清应缴纳税款事项，结清公司债务，向股东分配公司的剩余财产。

10.1.3 人身保险中介人的监管

（1）保险代理人

我国《保险法》规定，保险代理人从事保险代理业务，必须具备中国保监会规定的资格条件，取得中国保监会颁发的经营保险代理业务许可证并向工商行政管理机关办理登记，领取营业执照，并缴存保证金或者投保职业责任保险。对于未取得经营保险代理业务许可证、非法从事保险代理业务的保险代理人，由中国保监会予以取缔，处以10万元以上、50万元以下的罚款；有违法所得的，并处没收违法所得。我国《保险代理机构管理规定》规定，保险代理机构可以以合伙企业、有限责任公司或股份有限公司的形式设立，对于不同形式的代理人有不同的资格监管。在具备资格条件后，保险代理人还须取得中国保监会颁发的经营保险代理业务许可证，向工商行政管理机关办理登记，领取营业执照，并缴存准备金或投保职业准备金。

设立合伙企业形式的保险代理机构应同时具备下列条件：①有2个以上的合伙人，并且具有相应民事行为能力；②有符合法律规定的合伙协议；③出资不得低于50万元的实收货币；④有符合法律规定的合伙企业名称和住所；⑤具有符合中国保监会任职资格管理规定的高级管理人员；⑥持有保险代理从业人员资格证书的保险代理从业人员不得低于员工人数的1/2；⑦法律、行政法规要求具备的其他条件。

设立有限责任公司形式的保险代理机构应同时具备下列条件：①有2个以上、50个以下的股东；②有符合法律规定的公司章程；③注册资本不得低于50万元的实收货币；④有符合法律规定的公司名称、组织机构和住所；⑤持有资格证书的保险代理从业人员不得低于员工人数的1/2；⑥有符合中国保监会任职资格管理规定的高级管理人员；⑦法律、行政法规要求具备的其他条件。

（2）保险经纪人

在我国，保险经纪人只能是单位，其组织形式为有限责任公司或股份有限公司。任何个人不得成为保险经纪人，只能在保险经纪公司具体操作保险经纪业务。保险经纪业务的从业人员应须取得保险经纪人资格证书，并在被保险经纪公司雇用后，由公司代其获得保险经纪人执业证书。

保险经纪公司可以以有限责任公司或股份有限公司的形式设立。申请、设立保险经纪公司应同时具备以下条件：①具有符合法律规定的股东或发起人；②有符合法律规定的公司章程；③注册资本不得低于1 000万元的实收货币；④有符合法律规定的公司名称、组织机构和住所；⑤拥有保险经纪从业人员资格的经纪人员不得低于员工人数的1/2；⑥具有符合中国保监会任职资格管理规定的高级管理人员；⑦法律、行政法规要求具备的其他条件。

10.2 人身保险业务监管

10.2.1 人身保险业务范围的监管

人身保险业务范围的监管是对有权开展人身保险业务的机构是否在核定的业务范围内从事保险经营活动的行为实施监管，禁止没有取得授权而开展全部或部分人身保险业务的行为。我国现行的规定是保险机构不得兼业、兼营，即保险与银行、证券分业经营，财产保险业务与人身保险业务分业经营。

根据《保险公司管理规定》，经中国保监会批准经营人身保险业务的保险公司可以经营以下全部或部分业务：①个人意外伤害保险；②个人定期死亡保险；③个人两全寿险；④个人终身寿险；⑤个人年金保险；⑥个人短期健康保险；⑦个人长期健康保险；⑧团体意外伤害保险；⑨团体定期寿险；⑩团体终身寿险；⑪团体年金保险；⑫团体短期健康保险；⑬团体长期健康保险；⑭经中国保监会批准的其他人身保险业务；⑮上述保险业务的再保险业务。经中国保监会批准，保险公司分支机构可以经营其总公司业务范围内的全部或部分保险业务，保险公司申请增加业务范围的，其资本金、经营年限、经营业绩也应符合中国保监会的有关规定。若保险公司及其分支机构违反以上规定，超出核定的业务范围从事保险业务或擅自在规定的经营区域外开展保险业务的，监管部门给予警告并责令改正。有违法所得的，没收违法所得，并处以违法所得1倍以上、5倍以下的罚款；没有违法所得的，处以10万元以上、50万元以下的罚款；逾期不改正或者造成严重后果的，可以责令停业整顿或者吊销保险许可证。

10.2.2 人身保险合同的监管

（1）人身保险合同的形式监管

保险合同的形式是指投保人与保险人就其保险权利与义务关系达成协议的方式，是保险合同当事人表示意思一致的方式，包括书面形式和口头形式。《保险法》规定，投保人提出保险要求，经保险人同意承保并就合同的条款达成协议，保险合同即成立。保险人应当及时向投保人签发保单或者其他保险凭证，并在保险单或者其他保险凭证中载明当事人双方约定的合同内容。经投保人和保险人协商同意，也可以采取其他书面形式。

（2）人身保险合同的基本条款监管

我国保险监管部门对保险合同的基本条款内容进行了规定：①保险标的；②保险金额；③保险责任和责任免除；④保险人、投保人、被保险人和受益人的名称和住所；⑤保险期间和保险责任开始时间、起止时间；⑥保险费和保险费率；⑦违约责任和争议处理；⑧权利义务条款。

（3）人身保险费率和保险费的监管

根据我国《保险公司管理规定》，中国保监会制定和修订主要险种的基本保险条款和保险费率；中国保监会可以委托保险行业协会或保险公司拟定主要险种的基本保险条款和保险费率。保险公司拟定的其他险种的费率，应由总公司报中国保监会备案。中国保监会对报备的条款和费率自收到备案申请文件之日起130日内未提出异议的，保险公司可以使用该条款、费率。保险公司若未按照规定将拟定险种的保险条款和保险费率报送备案的，监管部门将责令其改正，逾期不改正的处以1万元以上、10万元以下的罚款。未经总公司授权，保险公司分支机构不得自行拟定保险条款和保险费率。保险公司对同一险种应当执行统一的保险条款。保险公司根据各地实际情况，可以制定当地保险费率，报经中国保监会批准后执行。中国保监会也可以根据实际情况，规定标准保险费率或保险费率浮动的幅度。

保险公司申报、修改或调整备案的人身保险条款和保险费率，应提交下列文件：①保险条款和保险费率备案文本一式三份；②保险产品的市场预测，预定利息率、预定费率及使用的生命表；③保险费率、保险责任准备金、保单现金价值的计算公式。

10.2.3 人身保险资金运用的监管

保险公司的资金绝大部分来自于公众的储蓄。保险公司对资金的运用直接关系到保险金的赔偿和给付，关系到社会公众的切身利益，因此各国一般都会对保险公司的投资实施严格的监管。

各国保险监管部门对人身保险投资进行了不同程度的监管，但从总体来看，监管的内容主要包括保险资金运用方式的准入、资产类别的最高比例、单个投资项目的最高比例限制、资产与负债的匹配、衍生金融产品的投资限制以及资产评估方法的要求等。

我国《保险法》第一百零六条规定，保险公司的资金运用必须稳健，遵循安全性原则。保险公司的资金运用仅限于银行存款，买卖债券、股票、证券投资基金份额等有价证券，投资不动产及国务院规定的其他资金运用形式。

此外，我国《保险公司财务制度》将保险保障基金也列入可运用资金范围。这是由我国保险公司代管保险保障基金的体制决定的。

10.3 人身保险偿付能力监管

10.3.1 保险公司资本金监管

根据我国有关规定，设立保险公司的注册资本的最低限额为2亿元，且必须为实缴货币资本。金融监管部门根据保险公司的业务范围、经营规模，可以调整其注册资本的最低限额，但不得低于上述规定。全国性保险公司的实收货币资本金不得低于5亿元，特定区域保险公司的实收货币货本金不低于2亿元。保险公司根据国家法律法规的规定，可以采取国家投资、各方集资或者发行股票等方式筹集资本，采取发行股票方式筹集的资本按照股票面值计价，采用吸收实物、无形资产等方式筹集的资本按评估价确认价值。保险公司筹集的资本，必须请中国注册会计师验资，并出具验资报告，由保险公司据此发给投资者出资证明。

10.3.2 保险公司保证金监管

我国规定保险公司成立后应按其注册资本总额的20%缴存保证金。在全国范围内开办业务的保险公司向中国人民银行总行缴存保证金，在特定区域内开办业务的保险公司向注册地的中国人民银行省（或自治区、直辖市、计划单列市）分行缴存保证金。未经中国人民银行批准，保险公司不得动用其保证金。

10.3.3 保险公司总准备金监管

总准备金是指保险公司在经营过程中逐渐积累，为应付超常损失和巨灾损失而从每年的利润中提存的准备金，是构成保险公司偿付能力的重要因素。其主要来源于附加保费中的安全系数以及企业每年利润分配中的一部分盈余积累。总准备金是保险公司的资产。总准备金的积累速度应与其承担的风险责任和业务发展速度相适应，与经营的连续性、营利性和业务的增长性结合起来，合理分配企业盈余。在我国，总准备金由公积金和保险保障基金组成。

公积金是保险公司为增强自身的资金实力，扩大营业规模，预防亏损，保护股东及债权人的利益，依照法律和公司章程的规定，从公司每年税后利润中提取的累积资金。公积金包括法定公积金和任意公积金。法定公积金是按照法律规定强制提取的公积金，任意公积金不由法律强制规定，而是根据公司股东大会的决议或公司章程提取的公积金。

我国规定保险公司除按规定提取准备金外，还应该依照有关法律、行政法规及国家财务会计制度的规定提取公积金。保险公司分配当年税后利润时，应当计提利润的10%列入公司法定公积金，公司法定公积金累积额为公司注册资本的50%以上的，可以不再提取；同时，保险公司从税后利润中提取法定公积金后，经股东大会决议，可以提取任意公积金。其中，资本公积金还来源于资本溢价、接受捐赠实物资产和住房周转金转入。保险公司的公积金可用于弥补公司的亏损，扩大公司生产经营规模或者增加公司资本。股份有限公司经股东大会决议将公积金转为资本时，按股东原有股份比例派送新股或者增加每股面值；法定公积金转为资本时，应该留有适当比例的留存，不得少于注册资本的25%。

保险保障基金是保险公司为应付可能发生的周期较长、后果难以预料的巨灾或巨大危险而提存的准备金。保险危险的发生具有偶然性和不可测性，保险公司在经营过程中不可避免地会遇到突然发生较大事故或保险事故发生较为集中的年度，此时仅凭当年的保险费和准备金难以应付赔偿和给付责任。

我国规定，为了保障保单持有人的利益，支持保险公司稳健经营，各保险公司应当按照金融监管部门规定，依照一定比例事前提存保险保障基金。当财产保险公司、综合再保险公司和财产再保险公司的保险保障基金余额达到公司总资产的6%和人寿保险公司、健康保险公司和人寿再保险公司的保险保障基金余额达到公司总资产的1%时不再提取，而在此前则每年根据业务种类的不同按自留保费的一定比例缴纳。保险保障基金必须集中管理、统筹使用，只有在保险人当年保险费和准备金不足以赔偿或给付时才能运用，一般情况下必须专款专用，不得挪作他用。为确保保险保障基金的安全，该基金必须单独提取且仅限存入国有独资商业银行和购买政府债券，存款利息收入和债券利息收入依法缴纳所得税后，金额转入保险保障基金。

10.3.4 保险公司责任准备金监管

人身保险责任准备金是保险公司当年的纯保费收入及利息和人身保险合同所规定的其在当年承担义务之间的差额。我国保险业务法定责任准备金的计算原则为：会计年度末保单法定责任准备金应当用“未来法”逐单计算，对确实不能用“未来法”逐单计算的条款，经保险监督管理委员会同意，可以用“过去法”逐单计算。新的财务制度规定，保险公司提存的责任准备金包括未到期责任准备金、未决赔款准备金、寿险责任准备金、长期健康保险责任准备金、存入分保准备金。

未决赔款准备金是保险公司针对在每一会计年度决算以前已经发生保险事故并已提出保险索赔，以及已经发生保险事故但尚未提出保险索赔的赔案而按规定应提取的准备金。保险公司提取的未决赔款准备金，最高不得超过当期已经提出的保险赔偿或者给付金额的100%。对于已报已决未付赔款，按照实际赔偿或给付提取准备金，依据已获得的资料做适度估计并计提准备金，理赔越接近结案，其估计越准确；已报未决已付赔款的理赔案件仍待理算，但理赔时间很长，为顾及被保险人的利益，应给付被保险人或受益人最低的应付赔款，然后提存适当准备金，以备将来可能发生的给付；对于未报未决未付赔款的赔款准备金的提取，不得超过当年的实际赔偿金额的4%。未决赔款准备金提转差等于本期应提取的未决赔款准备金与上期取得的未决赔款准备金的差额。以上准备金提取后，应分别留存，不得相互挪用。

未到期责任准备金是指对1年期以内（含1年）的意外伤害保险和健康保险业务，在每一会计期末按规定将当年承保业务中保险责任尚未届满而应属于下一年度的保费提存起来，以备下一年度发生赔偿的准备金。根据有关规定，保险公司对于1年内的业务，应当从当年的自留保费中提取未到期准备金，提存和结转的数额，应当相当于当年自留保费的50%。未到期责任准备金提转差等于本期应提取的未到期责任准备金与上期提取未到期责任准备金的差额。另外，有条件的公司在执行上述规定的基础上，可按1/8、1/24或1/365法提取未到期责任准备金，但在开始实施年度前报主管财政机关及保险监管部门备案，并且方法一经确定，不得随意变动，如需变动，应报经主管财政机关批准。

寿险责任准备金是指人寿保险公司为承担未来保险责任而按规定提取的准备金。准备金的具体计提比例应由专门的精算师来确定，依据精算结果计提准备金。准备金的计算利率，不得高于厘定费率时做出的预定利率和1年期银行存款利率中的最低者。1年期以上的人寿保险采用险种报备时厘定保险费率所使用的经验生命表；年金保险使用年金生命表计算应提取的准备金；团体寿险则按照有效的人寿保险单的全部净值提取责任准备金；个人寿险提取的保单责任准备金，不得低于同类保单多年定期修正方法所计提的保单责任准备金。寿险责任准备金提转差等于本年应提取的寿险责任准备金减去上年提取的寿险责任准备金。

长期健康保险责任准备金指人寿保险公司为承担未来长期性健康保险责任而按规定提取的准备金。其原理与寿险责任准备金相同，也必须根据精算人员的计算结果来计提。

存入分保准备金是指保险公司的再保险业务按合同约定，由分保分出人扣存的以应付未了责任的准备金。存入分保准备金通常根据分保业务账单进行提存和扣还，扣存期限一般为12个月，至下年同期返还。

对于未按规定提取责任准备金或提取不足的保险公司，监管部门将依法给予罚款的处分，情节严重的，可以限制业务范围、责令停止接受新业务或吊销保险许可证。

10.3.5 保险公司最低偿付能力监管

保险公司的偿付能力是指保险公司偿还到期债务的能力。保险公司必须有与其业务规模相适应的最低偿付能力，即保险公司依据其业务规模的大小，必须具备一定数额或一定比例的资金，以确保其能履行赔偿或者给付保险金的责任；当公司的资产不足以抵付负债时，则表明保险公司偿付能力不足。偿付能力监管是国际上保险监管的重要内容之一，而作为衡量偿付能力标准的偿付能力额度则成为对偿付能力进行监管的最直接、最有效的手段。各国都对最低偿付能力额度进行了规定，当保险公司的实际偿付能力额度低于法定的最低偿付能力额度时，各国保险监管机构就要对保险企业进行干预。

我国目前实施的是市场行为监管和偿付能力监管并重的监管方式，并已将重点转移到以偿付能力为核心的监管模式上来。《保险法》明确规定，保险公司应当具有与其业务规模相适应的最低偿付能力，保险公司的实际资产减去实际负债的差额不得低于金融监管部门规定的数额，低于规定数额的应当增加资本金，补足差额。

具体来说，规定如下：

第一，保险公司实际偿付能力额度为其会计年度末实际资产价值减去实际负债的差额。在这里，实际资产种类及其认可比率由中国保监会规定，实际资产价值为各项认可资产认可价值之和。

第二，短期人身保险业务的最低偿付能力额度为下述两项中较大的一项：

①本会计年度自留保费减保费税收后1亿元以下部分的18%和1亿元以上部分的16%。

②最近3年年平均赔付金额7 000万元以下部分的26%和7 000万元以上部分的23%。

对于经营期间不满3年的保险公司，采取上述第1项规定的标准。

第三，长期人身保险业务的最低偿付能力额度为下述两项之和：

①一般寿险业务会计年度末寿险责任准备金的4%和投资连结类业务会计年度末寿险责任准备金的1%。

②保险期间小于3年的定期死亡保险风险保额的0.1%，保险期间为3~5年的定期

死亡保险风险保额的 0.15%，保险期间超过 5 年的定期死亡保险和其他险种风险保额的 0.3%。

在统计中未对定期死亡保险区分保险期间的，统一按风险保额的 0.3%计算。

第四，保险公司实际偿付能力低于本规定标准的，按下列方式处理：

①实际偿付能力额度低于最低偿付能力额度的，保险公司应该采取有效措施，使其偿付能力达到最低偿付能力标准，并向中国保监会做出说明。

②实际偿付能力额度低于最低偿付能力额度的 50%的，或者实际偿付能力额度连续 3 年低于最低偿付能力额度的，中国保监会可将该公司列为重点监督检查对象。

保险公司被列为重点监督检查对象期间，不得申请设立分支机构或支付任何红利、分红，中国保监会可以责令其采取办理再保险、业务转让、停止接受新业务、增资扩股、调整资产结构等方式改善其偿付能力状况。

③实际偿付能力额度低于最低偿付能力额度的 30%的，或被列为重点监督检查对象的保险公司财务状况继续恶化，可能或已经危及被保险人和社会公众利益的，中国保监会可以对该保险公司实行接管。

10.3.6 保险公司利润分配监管

我国 2007 年 1 月 1 日起实行的《金融企业财务规则》第七章对收益、分配的规定如下：

金融企业发生年度亏损的，可以用下一年度的税前利润弥补；下一年度的税前利润不足以弥补的，可以逐年延续弥补；延续弥补期超过法定税前弥补期限的，可以用缴纳所得税后的利润弥补。

金融企业本年实现净利润，应当按照提取法定盈余公积金、提取一般风险准备金、向投资者分配利润的顺序进行分配。法定盈余公积金按照本年实现净利润的 10%提取，法定盈余公积金累计达到注册资本的 50%时，可不再提取。从事银行业务的，应当于每年年终根据承担风险和损失的资产余额的一定比例提取一般准备金，用于弥补尚未识别的可能性损失；从事其他业务的，应当按照国家有关规定从本年实现净利润中提取风险准备金，用于补偿风险损失。

以前年度未分配的利润，并入本年实现净利润向投资者分配。其中，股份有限公司按照下列顺序分配：①支付优先股股利；②提取任意盈余公积金；③支付普通股股利；④转作资本（股本）。资本充足率、偿付能力充足率、净资本负债率未达到有关法律、行政法规规定标准的，不得向投资者分配利润。任意盈余公积金按照公司章程或者股东（大）会决议提取和使用。

经股东（大）会决议，金融企业可以用法定盈余公积金和任意盈余公积金弥补亏损或者转增资本。法定盈余公积金转为资本时，所留存的该项公积金不得少于转增前金融企业注册资本的 25%。金融企业根据有关法律法规的规定，经股东（大）会决议，可以对经营者和核心技术人员、核心管理人员实行股权激励。

习题

1. 下列属于人身保险监管适用法律的是（　　）。（多选）

A.《中华人民共和国保险法》

B.《中华人民共和国公司法》

C.《保险公司管理规定》

D.《中华人民共和国外资保险公司管理条例》

2. 申请增设一家分公司或省级以上分支机构，应增加的资本金至少为（　　）。

A. 50 万元　　B. 500 万元

C. 5 000 万元　　D. 5 亿元

3. 设立保险公司，注册资本的最低限额为（　　）。

A. 5 000 万元　　B. 2 亿元

C. 15 亿元　　D. 5 亿元

4. 经营人身保险业务的保险公司可以经营（　　）业务。（多选）

A. 长期健康保险　　B. 人身意外保险

C. 宠物保险　　D. 投资连结保险

5. 人身保险监管的目标是什么？

6. 试述人身保险投资对保险公司的重要性以及我国保险监管机构对其是如何进行监管的。谈谈你对我国人身保险投资监管的看法。

答案：1. ABCD　2. A　3. B　4. ABD

参考文献

[1] 张洪涛，庄作瑾. 人身保险 [M]. 2 版. 北京：中国人民大学出版社，2008.

[2] 刘冬姣. 人身保险 [M]. 2 版. 北京：中国金融出版社，2010.

[3] 乔纳斯，朗. 保险原理：人寿、健康和年金 [M]. 2 版. 赵凯，译. 北京：中国财政经济出处社，2004.

[4] 肯尼思·布莱克. 人寿与健康保险 [M]. 孙祈祥，郑伟，等，译. 北京：经济科学出版社，2003.